“十二五”国家重点图书出版规划项目
北京市社会科学理论著作出版基金重点资助项目

GZC 高校主题出版 GAOXIAO ZHUTI CHUBAN

／总主编　韩　震／

社会主义核心价值观·关键词

公　正

王　葎　编著

中国人民大学出版社
·北京·

目　录

第一章　公正：人类社会生活的基本价值追求　1

一、何为公正　3

二、公正是人类良知的“声音”　6

三、公正是社会制度的首要价值　10

四、公正是社会发展的标志和保证　13

第二章　东西方文化中的公正传统　17

一、中国传统中的公正思想　19

二、西方社会中的公平正义传统　29

第三章　公正的现代价值意涵　45

一、权利公正：社会公正的内在要求　48

二、机会公正：社会公正的前提　55

三、规则公正：社会公正的重要保证　62

第四章　公平正义：中国特色社会主义的内在要求　69

一、社会主义制度的本质要求　71

二、中国共产党人的一贯主张　80

三、中国特色社会主义凝聚力的重要旗帜 95

第五章 切实维护和实现社会公平正义 103

一、发展：实现社会公平正义的基础 105

二、制度：维护社会公平正义的保障 113

三、建立社会公平的保障体系 122

后 记 131

第一章

公正：人类社会生活的基本价值追求

每个人都渴望生活在一个公正的社会中。在这里，被欺负了，会有人出来打抱不平；受委屈了，能有地方去鸣冤申诉；被侵权了，会有法律制裁侵权者；有困难了，会有人伸出援助之手。生活在这样的环境中，人们就会有幸福感和满足感。相反，如果生活在一个不公正的环境里，人们会感到压抑、痛苦、困惑与无助，进而产生对社会的强烈不满，破坏社会的和谐与稳定。自人类社会诞生以来，人们就一直追寻着公正的理想，无数哲人在迷惘中求索着公正的真义，无数志士在行动中展现出崇尚公正的品质。当今时代，公正问题更成为人们普遍关注的热点问题。那么，究竟什么是公正呢？

一、何谓公正

公正，即公平正义。对于什么是公正，可谓“仁者见仁，智者见智”。一位西方学者说，正义有着一张普洛透斯似的脸，变幻无常，随时可呈现不同的形态并具有极不相同的面貌。当我们仔细看这张脸并试图揭开隐藏其背后的秘密时，我们往往会深感迷惑。

相关链接

普洛透斯（Proteus）是希腊神话中的一个早期海神，荷马所称的“海洋老人”之一。他的名字可能有“最初”的含义，因为希腊文“protogonos”表示“最早出世的”。他有预知未来的能力，但他经常变化外形使人无法捉到他：他可以变成狮子、蛇、豹、猪，甚至树和流水，他只向捉到他的人预言未来。

在公正问题上，不仅存在着概念意义的冲突，更重要的是在它的背后还存在着社会利益的冲突。由于人们的立场、角度不一样，对社会公平正义的理解也不尽相同。2012 年年底，围绕异地高考问题，一些非北京籍学生家长与北京籍学生家长在网上展开讨论。一方认为，只有消除歧视，让随迁子女享有与本地孩子同等的高考机会，才是公平的体现；另一方则认为，若放开户籍限制，就会影响本地孩子升学机会，这是不公平的。

相关链接

在人类历史上，人们对公平有各种各样的理解。

有人认为，公平是天平上的平衡。

有人认为，公平是一种美德，拥有这种美德的人知道在特定环境中如何行动，知道在何种情况下如何做是最好的。

有人认为，公平就是每个人在为国家执行一种最合其天性的职务，每个人在社会中各司其职、各守其序、各得其所。

有人认为，公平体现在一种均衡的关系中，公平是“百德之总”。

有人认为，公平是人们为生活得更好、更快乐和谐而共同制定并遵守的社会契约。

恩格斯认为，公平始终只是现存经济关系的观念化表现。

公正概念是在人们物质生产实践中产生的，其具体内容总是反映着一定历史条件下的经济结构和经济制度。在社会发展的具体阶段，不同利益群体之间的人们相互斗争、相互妥协，公正就是人们对处理和调节各种社会关系所形成的规矩和制度的认可。

对于在具体的社会中何为公正，不同社会的不同利益群体具有不同的回答。罗马人与希腊人认为奴隶制度是公正的，资产阶级则要废除被宣布为不公正的封建社会。无产阶级认为资产阶级公正具有虚伪性，要求消灭人剥削人的社会制度，实现人民当家作主和按劳分配。

尽管不同社会的不同阶级对公正有不同的理解，但在最一般的意义上，公正是指社会关系的均衡合理以及达到这种均衡合理的关系所要恪守的规范尺度。换句话说，公正指的是人与人、人与社会之间关系的恰当性和相称性。公正意味着一个人所付与所得、应付与应得之间是“相称”的，即参与社会合作的每一个人承担他应分担的责任、得到他应得到的利益。如果一个人承担着少于其应承担的责任，或者取得了多于其应得的利益，人们就会认为这是不公正的。

在我国，公正一词最早出现在《荀子》一书中，它和正义、公平、中正、无私是相似的概念。我国东汉学者许慎在《说文解字》中讲道，“公”是平分的意思，“正”即“直”，不偏不倚。汉语中很多词语，例如“大公无私”、“铁面无私”、“奉公守法”都表达了这个意思。

在西方传统中，“正义”往往指社会中人或物的正当秩序，而“公平”更多地指人公正无私、不偏不倚的态度或行为方式。在现实中，公正、公平和正义这三个概念往往可以互换。因为，正义只有在公共生活领域才能成为一个话题，公正一词能够很好地反映正义的公共性质。公平是“公共领域”和“平等”两个词汇的复合。平等是维护社会公平正义的基础，公正总是意味着某种平等，这种平等往往是基础性和原则性的，如权利平等、机会均等、法律面前人人平等，当每一个人都能平等地享有应该享有的权利，平等地获得应该获得的利益，那么这个社会就是公平正义的。

延伸阅读

2008年3月18日，温家宝同志在记者招待会上说："公平正义就是要尊重每一个人，维护每一个人的合法权益，在自由平等的条件下，为每一个人创造全面发展的机会。如果说发展经济、改善民生是政府的天职，那么推动社会公平正义就是政府的良心。"

二、公正是人类良知的"声音"

当我们用法律讨回公道的时候，当犯罪分子被绳之以法的时候，我们能深切地体会到公平和正义的价值。公正就像一盏明灯，照耀着人类历史前进的航程。自古以来，多少英雄豪杰为了公平和正义，不惜牺牲自己的一切，甚至宝贵的生命。如果没有公正，善良就会被践踏，邪恶就会肆虐，整个社会就会陷入黑暗和混乱之中。期盼公正、维护公正，是人类良知的共同心声。

（一）公正是人性的基本要求

资产阶级启蒙运动的代表人物卢梭曾说过，由自然状态步入社会状态，人类便产生了一种引人注目的变化：他的能力得到了锻炼和发展，他的思想开阔了，他的感情高尚了，他的灵魂整个提高到这样的地步……他从一个愚昧的、局限的动物一变而为一个有智慧的生物。

人是有思想和感情的高级动物，人的行为都是在思想的指导下进行的。唯物史观告诉我们，社会存在决定社会意识，人的思想和情感等观念性的东西都是受现实生活规定的，不同的社会群体和不同的阶层有不同的心态。比如，穷人希望增加税收，改善福利，提高社会保障水平；富人则希望减少税收，增加投资，提高利润。这是人的思想的特殊性。但是，人的思想除了特殊性之外，还有共同性，比如说，人人都想过上幸福的生活，人人都认同“学有所教、劳有所得、病有所医、老有所养、住有所居”这一社会建设的目标，人的思想的这种共同性就是人性。

纵观整个人类历史，无论是在何种社会阶段，无论是属于哪一个社会阶层，从人们对理想社会的描述中总能看到公正的身影。

古希腊时期，柏拉图和亚里士多德就开始关注城邦公正问题，认为公正是建立社会秩序的基础。近代启蒙思想家伏尔泰、孟德斯鸠、卢梭等人也对实现社会公平正义进行了多方面的探讨和研究。空想社会主义者把社会公平正义作为未来理想社会的重要目标。哲学家黑格尔指出，公正是独一无二的社会法则。罗尔斯在《正义论》中提出，公正是社会制度的首要价值。自此，西方社会各界围绕公正问题展开了激烈的讨论，至今方兴未艾。

中国历史上，无论是长期占统治地位的儒家思想，还是道家、墨家、法家等各大思想学派，都包含着深刻的社会公正思想，如儒家的“义利之辨”、道家的“道法自然”、墨家的“兼相爱，交相利”、法家的“法不阿贵，绳不挠曲”，等等。新中国成立后，特别是改革开放以来，中国共产党人坚持马克思主义的公平正义观，并结合中国实际，适时提出了“社会主义的本质是解放生产力，发展生产力，消灭剥削，消除两极分化，最终达到共同富裕”。党的十八大报告指出，要“逐步建立以权利公平、机会公平、规则公平为主要内容的社会公平保障体系，努力营造公平的社会环境，保证人民平等参与、平等发展权利”。

延伸阅读

罗伯茨的海盗章程

罗伯茨是18世纪有名的海盗船长之一，电影《加勒比海盗》即以罗伯茨的海盗生活为原型。在他的海盗生涯中，他率部下一共抢劫了400多条船只。但是他个人从来都不喝烈酒，只喝淡茶，而且还非常注重章程。在他的船上，他对手下的海盗做出了如下的规定：

1. 日常事务每人都有平等的表决权；

2. 偷同伙的财物要被遗弃在荒岛上；

3. 严禁在船上赌博；

4. 晚上 8 点准时熄灯；

5. 不准佩戴不干净的武器，要时常擦洗自己的枪和刀；

6. 不准携带儿童上船，勾引妇女者死；

7. 临阵脱逃者死；

8. 严禁私斗，杀害同伴的人要和死者绑在一起扔到海里去；

9. 在战斗中残废者可留在船山，并从“公共储蓄”里领取 800 块西班牙银币；

10. 分战利品时，船长和舵手得 2 份，炮手 1 份半，其他人得 1 又 1/4 份。

这份海盗章程被一些历史学家称作“海盗十诫”，并被认为充满着“原始的民主主义”。如果以正义的眼光来看，其间充满着对正义的尊重，甚至也不乏对正义的自觉保护。

由此看来，无论是东方还是西方，无论是传统社会还是现代社会，人们对社会公正的追求从未停止。从某种意义上说，人类社会的历史就是一部不断对抗不公正、追求公正的奋斗史。每个人都渴望生活在一个公正的社会中，公正是人性的基本要求。中国历史上铁面无私、公正办案的黑脸包公，西方社会一手握天平、一手持利剑的正义女神雕塑，都形象地表明了人们维持公平和守护正义的强烈渴望。

相关链接

西方国家，法院的建筑物上或建筑物前经常能见到正义女神的雕像。正义女神通常被塑造成一个左手持天平，右手执长剑的成熟女性的形象，双眼被布紧紧蒙着，表情沉静而刚毅，雕像的背后刻有一句简洁的古罗马法律格言："为了正义，哪怕它天崩地裂。"（Fiat justitia ruat caelum）天平象征着公正的审判，长剑代表惩奸除恶的制裁之力。

正义女神的眼睛为什么要用布紧紧蒙上？因为在古罗马人看来，眼罩具有两层含义：一是法律面前人人平等，无视被告的容貌、权力、身份、家世和地位；二是要用心灵去观察、去裁判。

（二）公正是人类社会最基本的评价标准

人们生活在社会中，也只有在社会中才能生活。生活在社会中的每个人都有着天然的正义感，总是在对社会的各种关系和各种条件进行一定的评价，对各种制度和规则抱一种肯定或否定的态度。无论是古代还是现代，无论在哪一个民族哪一个社会，我们都可以看到，某一社会阶段、社会制度、社会关系是否公正从来都是人们进行价值评价的一个重要指标。

在日常生活中，我们每个人都会自觉或不自觉地把自己的付出和所得，与他人的付出和所得进行比较，比较的结果就产生了公平或不公平的感觉。凡是人们认为公正的，也就意味着是合理的，人们愿意去遵从；反之，人们认为不公正的，也就意味着一种不满，表示人们对之持一种反对的态度。即使在外力的逼迫下不得不服从、不得不遵守，但心里却是排斥的，常常会消极地予以抵制。这就是说，人们认为一定的社会一定的制度是不是好、是不是合理，一个重要的标准就是看它是不是公正。"得道者多助，失道者寡助"，这里的"道"，在很大程度上就是公正，就是正义，公正的制度往往能够得到人们道义上的和实际的支持。

公正作为人类社会最基本的评价标准体现在各种具体的社会规则中。由于人与人之间总会有各种差别，人们在竞争中也总是存在胜者和败者，但只要人们认为竞争的规则是公正的，形成的差别是合理的，那么无论是竞争中的失败者，还是支持和同情失败者的人，通常不会产生对社会的怨恨情绪。相反，如果人们认为竞争的规则是不公正的，就会对胜败的结果产生不满。日常生活中我们通常说的“法律面前人人平等”、“一视同仁”、“买卖要公平”、“孩子们同在蓝天下要享受同样的教育机会”、“反对就业中的性别歧视”、“让发展成果更多更公平惠及全体人民”等，都表明了人们对于公正的社会规则的强烈渴望，公正已成为人们评价社会规则的一个重要标准。

延伸阅读

让人人享有更多更公平的发展成果

有网友这样兴奋地评价党的十八届三中全会审议通过的《中共中央关于全面深化改革若干重大问题的决定》：“每一个人都能从中看到未来。”

党中央部署的全面深化改革，以促进社会公平正义、增进人民福祉为出发点和落脚点，致力于解决好人民最关心最直接最现实的利益问题，努力让发展成果更多更公平惠及全体人民。改革是否成功，归根到底是看有没有造福于民，有没有让最广大的人民群众公平地共享改革成果。这里有两个关键词，一个是共享，还有一个是公平。相比之下，实现公平更难。

三、公正是社会制度的首要价值

社会的公正，是一个社会健康发展的标尺，是社会发展的基本价值取向。美国政治哲学家、伦理学家罗尔斯认为，正义是社会制度的首要价值，正像真理是思想体系的首要价值一样。一种理论，无论它怎么精致和简洁，只要它不真实，就必须加以拒绝和修正；同样，某些法律和制度，不管它们如何有效率和有条理，只要它们不正义，就必须加以改造或废除。每个人都要拥有一种基于正义的不可侵犯性，这种不可侵犯性即使以社会整体利益之名也不能逾越。

（一）制度设计必须考虑到社会公正

在一个社会中，设计制度的基本目的是为了确立一定的社会秩序，保障社会稳定和良性运行。社会总是由无数的个人构成，彼此之间存在着利益的冲突和竞争。一方面，有竞争才有压力和活力，才能促进效率的提高。另一方面，恶性竞争会导致整个社会的无序状态，导致整体效率的损耗和下降，更严重者，甚至会导致社会的解体和崩溃。因此，为了维持社会的有序竞争状态，就必须确立一定的社会制度，而只有公正的制度才能更好地实现这个目的。

罗尔斯说，一方面，由于社会合作，存在着一种利益的一致，它使所有人有可能过一种比他们仅靠自己的努力独自生存更好的生活；另一方面，由于这些人对由他们协力产生的较大利益怎样分配并不是无动于衷的，这样就产生了一种利益的冲突，就需要一系列原则来指导在各种不同的决定利益分配的社会安排之间进行选择，达到一种有关恰当的分配份额的契约。这些所需要的原则就是社会正义原则，他们提供了一种在社会的基本制度中分配权利和义务的方法，确定了社会合作的利益和负担的适当分配。不考虑社会公正的立法和制度设计，只能导致周期性混乱的产生。

人们在社会合作交往中，如果受到不公正对待，产生不公正的感觉，就会感到冤枉、气愤，甚至导致报复行为。这种心理和行为会使人与人之间的信任感降低，导致彼此关系恶化，社会合作难以为继，影响经济的持续稳定发展和社会的长治久安。因此，只有在公正的制度下，社会才能为人的发展提供平等的权利和机会，每个社会成员的生存和发展才有保障。有了公正的社会制度，人们才能通过诚实劳动得到自己应得的东西，满足自己的合理期望，从而调动自身的积极性。这样，整个社会才能人人各司其职、各尽所能、各得其所，共同推动社会持续健康发展。

（二）公正是制度权威性的根本来源，也是制度生命力的基本保障

任何制度，都意味着对人们的一定约束，因此必须有一定的权威性才能够贯彻实施。这种权威性可以来源于道德感召力，如制度制定者和执行者的以身作则的榜样性力量，但更多的是来源于某种强制力，对违反制度的行为予以强制性的惩罚，所谓严刑峻法即是。但从根本上看，制度的权威性来自其公共性以及由此带来的人们的较普遍认同。从历史上的情况来看，一种制度越是比较公正，就越是可以减少强制力量的威慑，而一种制度越是缺乏公正性就越需要强力来维护，但主要依赖强力来维护的制度通常是短命的和不能长久的。

现代制度经济学的研究表明，一种制度越公正，就越能得到多数人的认同和遵行，就越利于人们产生合理的预期，减少人们的短视行为，缓和人与人之间的冲突，从而降低社会交易成本。同时，公正的制度能够减少一个社会中的管理机构的数量，降低制度维持所需的成本，并且能够提升社会活动的整体效率。从这个角度来看，公正的社会制度不仅是维护社会公正的利器，是维护社会稳定和有序运行的基本途径，也是提高和增进社会活动效率的基本途径。

▶ 延伸阅读

自 2011 年 9 月 17 日起，美国纽约爆发了一场名为“占领华尔街”的民众抗议活动。抗议浪潮蔓延至洛杉矶、华盛顿、英国

伦敦、加拿大温哥华等多个国家和地区。抗议活动的矛头主要指向华尔街“贪婪”、金融系统弊病和政府监管不力，以及高失业率等社会问题。这次事件的起因就在于民众认为华尔街金融系统及政府监管领域存在诸多不公正问题，试图通过抗议活动得到一个公正的处置。

“在美国，1%的富人拥有着99%的财富。我们99%的人为国家纳税，却没有人真正代表我们，华盛顿的政客都在为这1%的人服务。”一名“占领华尔街”示威者如是说。

“我们之所以发起本次抗议行动，是因为感觉美国已经到了必须改变的时刻。很多人失去了工作，无家可归，整个国家都在受伤害，而造成这些后果的那些人却置身事外，没有受到任何惩罚。”加拿大反主流文化杂志 *Adbusters* 主编凯利拉森这样解释。

四、公正是社会发展的标志和保证

（一）公正是社会发展的标志

社会是一个有机体，是一个囊括全部社会活动领域的跨层次性的、整体性的范畴。因而社会关系既体现在人与人之间，也体现在人与社会之间、人与环境之间，既体现为一国内部的关系，也体现为国际关系。公正对这些社会关系的评价也就是对一个社会发展程度的评价，因为社会发展最终要体现在这些关系的改善和提高上，比如人的自由度的提高，社会秩序的合理、有序、高效，生态环境的良性循环等方面。社会发展程度的提高，同时也应该是社会公正程度的提高。

公正的实现程度与历史发展进程具有内在一致性，即社会越发展、社会文明程度越高，公正的程度也会越高，距离理想中的公正状态也会越近。

奴隶社会和封建社会，是少数人占有社会生产资料的私有制社会，社会被划分为相对立的两个阶级，是严重不平等的等级森严的社会。等级制的依赖关系是奴隶社会和封建社会人的关系的基本内容。

资本主义的萌芽与资本主义制度的建立，使社会生产力获得了前所未有的发展，人也逐渐从对群体的依赖中解放出来，发展成为以物的依赖性为基础的具有独立性的个人。资产阶级把阶级特权看作不公正的，他们把自由和平等宣布为人的基本权利，自由和平等都是公正的。但是，资产阶级所讲的平等，仅仅指的是机会、条件的平等或平等竞争的原则。与奴隶社会和封建社会相比，资本主义社会实行的公正原则是一大进步。但是，资本主义公正原则毕竟还不是人类最高理想的公正，也同样不是什么永恒的公正原则。就像马克思所揭示的那样，资本主义社会是用形式上的公正掩盖着实际上的不公正，随着社会的发展，资本主义的公正原则必然越来越不适应生产力发展的需要。

与资本主义社会相比，社会主义社会的公正不仅是机会、条件的公正，还是结果的公正；不仅有形式上的公正，更注重事实上的公正。社会主义的公正原则保证个体的平等权利与个性自由，并且从基本的经济制度、政治制度上加以保证。社会主义公正真正地激发了个体的积极性、创造性，有力地促进了生产力的解放与发展。

因此，社会发展进程与社会公正状况的改善与提高是一致的，公正是社会发展和文明进步的重要标志。

（二）公正是社会发展的根本保证

社会发展指的是人类社会各方面的和谐共进，不仅要有生产力的提高，物质财富的丰裕，还要有社会政治结构、经济结构、文化结构的合理，以及生态环境的改善与永续，最重要的是要有对人的权利的尊重与保护，以及对人的权利与义务的合理分配。

社会是个有机体。有机体概念的基本含义是指相互差异着的各个组成部分的辩证统一，协调是有机体的首要特征，也是一个有机体保持生机和活力的基本要求。而一个社会协调发展的基础，就是关注经济利益的构成和分配中的公正问题，关注政治资源分配中的公正问题，关注个体基本权利与非基本权利的获得与保障，关注资源和环境的公正问题。只有对个体平等自由的权利予以充分的确认和保证，恰当合理地分配社会的经济、政治利益，同时尊重与永续利用生态自然环境，才会有社会有机体的协调发展。

延伸阅读

马克思所理解的社会有机体是指由人和全部社会生活条件、要素构成并相互依存与相互作用的活动和发展着的有机整体，是一个囊括全部社会生活领域的跨层次性的、整体性的范畴。

而对上述内容的描述就是公正的基本要求。它意味着，只有公正，才有协调；有协调，才有社会有机体的健康发展。从这个意义上讲，公正是社会发展的根本保证。

（三）公正是社会发展的动力

社会是由人组成的有机体，人是社会发展的推动力，社会发展的程度取决于人发展的程度。人越是发展，越是能意识到自己的主体性，对自己应该享受的各种权利的要求就越高，同样对社会公正的要求标准也就越高。正是人们对公正的要求的不断提高，形成了对改革各种不合理、不公正的社会条件的持久动力，促使社会向更加公正的高度迈进。可以说，没有对公正的追求，人类将失去文明发展的动力。

公正对社会发展的推动作用源于其作为一种价值评价标准对社会现实具有的批判性功能，即否定现实中的不公正状况或不公正原则，使之朝着理想中的公正状态和公正原则发展。公正对社会现实的批判是通过两种途径进行的：一是以公正的理想来对照现实社会中的不公正，从而否定、摒弃已有的不公正状况和不公正原则。二是公正扬弃自身，并在这种扬弃中使自身得到发展，进而推动社会的发展。

在具体的社会中，公正对社会发展的动力作用是通过促使制度创新实现的。一个社会的公正程度固然在根本的意义上取决于这个社会生产力的发展水平，但与这个社会物质财富的多寡并不直接相关，而强调的是社会成员间的“应得”与“平衡”，这种应得与平衡需要靠制度来保障。但是制度既可以是保证社会公正的，也可以是固化现有的不公正的。这是因为：制度本质上是一种保守的力量，制度的基本功能是为社会过程和社会关系提供稳固的规则，保证它们的连续性，而公正则是一个开放的体系，人类对公正的追求是无止境的，公正对保守制度的评价所具有的批判功能便成为制度创新的一个重要因素。

公正对保守制度的批判是通过两种力量进行的，一种力量来自在社会中处于底层或被不公正对待的人群，他们具有普遍的、强烈的不公正感，这种不公正感又往往与被边缘化、被主流社会排斥的心理体验交织在一起。这些感受在开始时会试图通过制度途径来宣泄，但当制度途径不畅或者弱势群体的弱势状况长期得不到改善时，就会采取非制度形式。另一种力量来自处于社会中上层的思想家、改革者，他们对不公正社会制度的批判往往是通过制度途径进行的，比如著书立说，分析社会的不公正状态，宣传自己的公正思想，再如参与到制度设计、政策的制定过程中去，向执政者进言献策。

第二章

东西方文化中的公正传统

公正是照亮社会的阳光，它给人温暖、给人力量。正因为如此，千百年来，人们对理想社会的期望始终贯穿着对公正的追求。虽然真正意义上的公正与和谐到了现代社会才逐渐具有实现的可能性，但对于公正的向往却源远流长。不论是东方还是西方，思想家们都试图寻找公平正义的真谛，描绘和谐社会的蓝图。

一、中国传统中的公正思想

建设一个公平正义的社会，历来为中华民族所向往。从公元前209年陈胜、吴广喊出“王侯将相宁有种乎”开始，到近代洪秀全的太平天国、康有为的大同世界，再到孙中山先生的三民主义，无数仁人志士都为构建一个公正和谐的社会而孜孜以求。中国传统的公正思想缘起于先秦时期，诸子百家都对公平正义提出了鲜明而富有创造力的构想。这一时期的思想影响深远，几乎构成了整个传统社会关于公平正义的思想基础。其中最具代表性的是儒家的公正观，此外，道家、墨家的公正思想对中国传统社会也具有深刻而广泛的影响力。

（一）“天下为公”：儒家的公正观

公平和正义历来是儒家和谐社会思想的一个重要组成内容。《礼记》中所说的“大道之行也，天下为公”便是儒家对美好社会最具概括性的描述。在儒家看来，公正是做人做事的根本原则，也是建立国家和维护社会秩序的理性基础。儒家的公正思想内涵丰富，它不仅是一种观念，还是一个包括价值目标和制度设计在内的完整思想体系。

1. 经济公正

儒家在经济上主张“藏富于民”，尊重和保护百姓的财产，同时注重分配的公平，提倡“均富”，力求消灭贫穷，平均财产。

孔子强调民生的重要性，把维护老百姓的生存权看作为政之本。他重视百姓，尤其是重视百姓的吃饭与生死问题，主张“养民也惠，使民也义”，“节用而爱人，使民以时”，希望统治者不违农时，爱惜百姓，做到恭、宽、信、敏、惠。这些主张体现了孔子“仁爱”的根本思想与“仁政”的治国之道。更重要的是，孔子注意到分配公平、社会正义的问题，他提出“不患寡而患不均”，反对贫富过于悬殊。

相关链接

“丘也闻有国有家者，不患寡而患不均，不患贫而患不安。盖均无贫，和无寡，安无倾。”（《论语·季氏》）

这段话是针对春秋末期季氏等人的暴富而提出的，突出反映了孔子在财富分配上的公平正义思想。意思是说，各诸侯或大夫，不必害怕自己的财富不多，而要顾虑财富分配的不均，这种不公平会导致颠覆。若是财富平均，消灭贫穷，境内团结、平安、和睦，不仅不会有危险，而且会有远方的臣民来归服。

孟子主张保障老百姓的财产权，他对齐宣王说：“无恒产而有恒心者，惟士为能。若民，则无恒产，因无恒心。苟无恒心，放辟邪侈，无不为己。及陷于罪，然后从而刑之，是罔民也。……是故明君制民之产，必使仰足以事父母，俯足以畜妻子，乐岁终身饱，凶年免于死亡；然后驱而之善，故民之从之也轻。”（《孟子·梁惠王上》）孟子认为，一定要保证老百姓的收入所得，保证百姓在好年成丰衣足食，坏年成不至于饿死，然后再引导他们走上仁义的道路。只有保障老百姓的财产，他们才会拥戴国君，维护国家。孟子严厉批判他所处时代的社会不公正现象，关心黎民百姓，主张“施仁政于民，省刑罚，薄税敛”。

儒家这种“富民论”与“均富论”的主张贯穿于用人、赏罚、收入和消费等各个方面，有些变为了制度，有些是对制度的修正与补充。当然，以孔孟为代表的先秦儒家不是绝对的平均主义者，他们重“礼”执“礼”。“礼”是社会公共生活的规范与秩序，“礼”的功能是使社会财富与权力的分配与再分配有等级、有节度、有秩序，最终达到整体的和谐。

2. 政治公正

在政治上，儒家对君王的执政理念和为政之要提出了诸多建议和主张，而公正恰恰是这些建议和主张背后所蕴藏的思想中十分重要的一点。“政者，正也。”“正”是治国之道，君主如果缺失公正的美德，就会失去治理国家的必要基础。早在《尚书·周书》中就有“无偏无党，王道荡荡”、“无偏无陂，遵王之义”的记载。孔子所说的“其身正，不令而行；其身不正，虽令不从”（《论语·子路》），也正是在讲这个政治原则。意思都是在说，只有公平和正义才能让君主得到百姓的信服，百姓才会顺应国家的统治。

为了达到政治上的公正，儒家提出了防止公权力滥用的设想。孔子强调以严肃庄敬的态度尊重百姓，合理合法地动员百姓。他提出五种美政：“惠而不费，劳而不怨，欲而不贪，泰而不骄，威而不猛”（《论语·尧曰》），反对以傲慢的态度对待人民，滥用权力，任意扰民，践踏民意，不顾民生。只有谨慎地使用公权力，才能安民济众，治国安邦。孟子也有类似的倡导：“穷则独善其身，达则兼善天下。”（《孟子·尽心上》）意思是说，人在不得志的时候要做到洁身自好，修养个人品德；如果得志了，要努力将恩惠施与百姓，使天下都能达到“善”的境界。后来，这句话被广泛传诵为“穷则独善其身，达则兼济天下”，这里的“济”正是济助黎民百姓苍生之意。

3. 社会公正

儒家的社会公正思想，主要是关于社会治理的理念和关于养老、救济弱者、赈灾与社会保障等民生问题的制度设计及其落实。

《礼记》中的《礼运》是抒发对大同社会向往的经典："人不独亲其亲，不独子其子，使老有所终，壮有所用，幼有所长，矜寡孤独废疾者，皆有所养。男有分，女有归。货恶其弃于地也，不必藏于己；力恶其不出于身也，不必为己。是故谋闭而不兴，盗窃乱贼而不作，故外户而不闭，是谓大同。"意思是说，在大同社会，每个人不只孝敬自己的父母，不单爱护自己的子女。使社会上的老年人得以安享天年，青壮年能发挥自己的作用贡献社会，孩子们能好好地成长起来。使鳏夫、寡妇、孤儿、没有子女的老人家和身体有残病的人都能得到照顾。使男子都有适合自己的工作，女子都有能够归宿的家庭。人们不让财货资源白白浪费于地上，所以努力开发，然而不必据为己有，而是全社会共享；人人唯恐自己不出力工作，可是并不只是为自己私底下的利益。如果是这样，社会上就不会再有阴谋诡计的使用，也不会再有抢劫、偷窃和作乱的事发生了，人们也就会彼此信任。这就叫做大同世界。

《礼记》还主张保留上古"五十养于乡，六十养于国，七十养于学"的分级养老制以及行养老礼的礼俗与制度，并指出要对于聋、哑及肢体有残疾、障碍的人实行供养制度，其他身体健全的劳动者则依靠自己的技能供养自己。《孟子》中多次指出，要保证黎民"不饥不寒"，包括老年人在内都要有衣穿、有肉吃。关于养老制度，孟子指出：鳏、寡、孤、独，"此四者，天下之穷民而无告者。文王发政施仁，必先斯四者"。对于弱者，荀子主张"兴孝弟，收孤寡，补贫穷，如是，则庶人安政矣"。这些主张都体现着儒家的和谐思想和大同理想，体现着对社会公正的追求与向往。

此外，儒家还格外重视教育的公平和机会的公平。孔子"有教无类"的思想影响深远，至今仍闪耀着智慧的光芒。他提倡向民间开放教育，认为这是打破世卿世禄制、得以"举贤才"的基础。他说："举直错诸枉，则民服；举枉错诸直，则民不服。"（《论语·为政》）意思是要把正直的人举拔在邪曲的人之上，即公正地选才用人。孟子也指出："尊贤使能，俊杰在位，则天下之士皆悦，而愿立于其朝矣。"（《孟子·公孙丑上》）认为只有尊崇和选拔优秀的人才俊杰，才能使天下人愉悦地接受和服从，继而使朝政安稳。"选贤与能，讲信修睦"（《礼记·礼运》）的理想，随着儒家正统思想地位的确立，在古代的教育制度与官僚制度中得到不同程度的体现。虽然历史上以科举制为代表的选拔制度弊病无数，但从总体上看，这些选拔制度是中国文官制度的依托，在当时起到了一定的积极作用，更重要的是，这些制度贯穿着机会平等的原则，并将这种对公平的追求不断地传承了下去。

历史上的儒家，其社会理想与制度设计多是针对当时社会的弊病而提出的，并用来批评、指导当世。作为中国传统思想的精华，儒家思想为当时政治体制的完善、社会矛盾的化解起到了重要作用，儒家的公平正义思想也是如此。然而另一方面，我们知道，任何时空条件下的公平正义都是历史的、具体的。作为产生于宗法等级专制社会，并与这一社会制度相适应的儒家公正观念，不可避免地带有鲜明的时代烙印与历史局限性。大同世界的理想在封建社会不可能得到实现。

（二）"道法自然"：道家的公正观

老子思想中最重要也最具特色的就是关于"道"的理论，这是他整个哲学的基础。"道"在老子那里是先天地而生，并化生万物、规定万物的本体性存在，换言之，道既是万物存在的总根源，又是万物包括人事活动依循的总规则。

老子关于"道"的论述可以看作中国历史上对正义的较早的阐述。老子的道论实际上就是他关于哲学的正义观。老子说："人法地，地法天，天法道，道法自然。"这里的"法"是动词，意思是效法、遵循。人受制于地，地受制于天，天受制于规则，规则受制于自然。"道法自然"的意思就是大道以自然为纲，遵循其规律。"道"

是超然于客观实在之上的，同时又主导着客观实在。因此，“道”是老子法哲学中的最高范畴。“故道大，天大，地大，人亦大。”“道”的生成比“天”、“地”、“人”都要早，并且内在地支配着后者。“道”是万事万物的本原，“道”可以生万物。同时，“道”又是最公正无私的，主持着天上人间的正义。其实，“道”就是“自然”。由于当时的实在法还未形成完整体系，法制的意识也还尚未形成，因此老子主张以自然之法来治理天下——“天道无亲，常与善人”，在“天道”的主持和监视之下，一切邪恶都无法逃出它的手掌心；“天网恢恢，疏而不失”，属于实在法之外的“道”可以对实在法的偏畸缺漏起着评断和纠正的作用，进而可以规制人们的行为，法的正义也就跟着实现了。以自在自洽的大自然作为榜样的“道”也因为“自然”而具有评断是非的公平正义功能，这正是老子朴素的公正观。

在治理国家的问题上，道家和儒家有一点相同，都认为在理想国里，国家首脑应该是圣人。但不同在于，儒家认为圣人治国应当为大众多做事情，而道家认为圣人治国不是要忙于做事，而是要裁撤、废除那些本不应做的事情，以致无为。因此，老子提出“以正治国”的思想。“以正治国”意思就是用平正的政策和法律治理国家，使社会公平和正义得到切实维护和实现。老子认为公平正义的社会才有可能是和谐的社会，和谐的社会也才能持续地发展。如何以正治国？首先，老子主张平等待人待物，他说：“天地不仁，以万物为刍狗；圣人不仁，以百姓为刍狗。”这段话的意思是指天道公平对待万物，无高下之分，因此圣人也应该秉承天道，平等对待众生，无贵贱之别。其次，老子反对人为制造的不公平。他说：“天之道，损有余而补不足。人之道，则不然，损不足以奉有余。孰能有余以奉天下？唯有道者。”这句话的意思是说，社会公平是天道的内在要求和人事的外在表现。社会上的不公平现象是人为造成的，是为政者违背天道、以权谋私的结果。他坚决反对人为制造不公平，主张缩小贫富贵贱的差距，提出“不贵难得之货，使民不为盗”。再次，老子提出限制为政者权力，让百姓自治的思想。这就是老子所谓的“无为”。“无为”不是什么都不做，而是国君以道为法，自己无为，让大众各尽其能。

“小国寡民”、“无为而治”的国家构想体现着道家的公正观。首先，“小国寡民”是对淳朴民风的向往。随着人类社会的发展，战争和分配的不均也相伴而生，人性中的贪欲、残忍、欺诈等丑恶面也日益滋长。这是老子不想看到的。因此，他向往的是这样一种美好的制度：没有军队与战争，没有贵族和国王，社会有条有理，大家都平等自由。其次，道家主张“无为而治”，相信天下万物循道而行，不必多加干预，因此反对通过加强对人民的控制来治理天下，反对权力的过分集中。然而，道家向往的淳朴民风只是古代社会生产力水平低下的一种反映，“小国寡民”的构想实际上是一种复古和倒退，在生产力逐渐发展的社会中，并不能真正实现公正与和谐。

（三）“兼爱交利”：墨家的公正观

墨子是中国历史上第一位出身平民又代表平民阶级“实话实说”、道济天下的思想家。在《墨子》一书中，虽不见“公平正义”的词语，但通篇都彰显着墨子倡导公正的智慧。

1. 公正的财富分配观

“人之所欲”是一种普遍的自然人性。“欲”表现为利益，其中最直接最现实的利益就是财富。对于财富的分配问题，墨子认为“分财不敢不均”，“有财者勉以分人”。这种“不敢不均”并不是搞平均主义，“勉”是尽力、努力的意思，是要均得公平合理。因为人与人之间适当的不平等是一种互补性关系，而绝对平等反而容易导致整体社会的普遍贫困。作为平民的代表，墨子希望百姓能公平公正地享受到社会利益，获得自己应有的回报。他始终认为“让利于民”是社会最大的公平公正。因为人间的真苦难在于社会不公，这种不公使得一部分人统治、压迫、剥削另一部分人，人和人之间展开对于权力和经济利益的争夺愈演愈烈，成为社会常态。他着力反对过度享乐，认为那是侵犯百姓利益的骄奢淫逸。对那些由于分配不公导致贫富悬殊，进而使少数人“舞佯佯，歌荡荡”的极乐，人们不但要反对，而且应该“群起而攻之”。

2. 公正的资源消费观

针对当时社会的侈靡风俗，墨子提出了“俭节则昌，淫佚则亡”这一千古不易的命题，同时还提出了“节用”、“节葬”等主张，目的在于引导人们公正对待资源，合理利用资源，决不可大肆掠夺和破坏自然环境和宝贵资源。这不仅是为了避免自然对人类的报复，更是为了防止因耗尽自然资源而引发社会危机而提出的深谋远虑。

墨子认为，人类的欲望应当以维持生命所必需的最低限度为准，除此之外的进步都应该公平公正地惠及所有人，逐渐地进行。如果有少数人的欲望和占有大大超越了普遍的标准，就是奢侈。凡是奢侈之人，必定因为贪图奢侈的生活而过度地消费稀缺的自然资源，这就侵害了别人的生存权。因为自然资源是有限的，有些甚至历经亿万年才形成，十分珍稀宝贵。况且自然资源是世世代代人所共有的，今世的人要为子孙万代着想，在尽量满足当世人需求的同时，更应该为后人留下沃土蓝天，不能只利今世，害于后世。

对自然资源利用的公平公正，其实是对全体人的公平公正。为了人类能够公平公正地消费自然资源，墨子还提出了“以时生财，固本而用财，则财足”的长效机制，即凡事适度。首先，他提出了“饮食之法”，认为饮食的限度是满足身体所需，不应过度追求色香味的享受。因为民以食为天，食以度为本。其次，墨子提倡“节葬”。他认为丧事应从俭，并提出两个明确的原则，一是保护环境，不能因尸体的腐烂而造成对空气和水源的污染。二是珍惜财物和土地，丧葬以“不失死生之利者此也”为标准即可。第三，墨子策划“宫室之法”，认为宫殿房屋足以抵御风霜雨雪，足以分别男女之礼即可，反对大兴土木。

3. 公正的人际交往观

“兼相爱，交相利”是墨子最著名的主张。墨子生活在以血缘为基础，以氏族世袭、分封、等级制为特征的战国时期，他深刻感悟到社会一切动乱、灾难、祸害、罪恶都在于人与人之间的不平等，不兼爱。“当察乱何自起？起不相爱。”他认为百姓有三患，“饥者不得食，寒者不得衣，劳者不得息”；天下有三大害，其一是恃强凌弱、以众暴寡、以诈谋愚、以贵傲贱，其二是执政者刻薄、为臣者不忠、为父者不慈、为儿者不孝，其三是社会黑势力以兵刃、毒药、水火相互攻击。而治世的良方就在于人与人“兼相爱，交相利”，这既是人际交往的总则，也是社会和谐的最佳途径。

所谓“兼相爱”就是不分等级、远近、亲疏，爱无厚薄、爱无差等，爱所有的人。让每个人都不受等级地位的限制而自由平等、有尊严地生活，打破贫富贵贱的界限，营造一个天下之人皆相爱的和谐世界。唯有一视同仁、平等相爱，才能真正照亮由形形色色的个体所共同构成的人类社会。所谓“交相利”是指人与人交往时的互惠互利。这种“利”不囿于物质，还包括精神的。兼爱和交利在情感层面和利益层面都提出了处理人与人的关系，人与社会、国家关系的原则。它呼唤的正是人间的平等和谐、社会的公平正义。

4. 公正的人才选拔观

墨子认为“夫尚贤者，政之本也”，国家治理的优劣在于是否拥有贤能的人才。在他看来，天下之乱的根本原因在于政令自下而上的不统一，而不统一的原因又在于没有“任人唯贤”的政治制度。政治是不能离开权威的，而权威在于执政者人选产生制度的公正和整个人才官吏选拔录用制度的公正。墨子“尚贤”的根本目的在于“为万民兴利除害”。墨子不仅用公正的观念对待优秀的人才，还用公正的观念看待每一个平民百姓。在他心中，一个人只要能为社会有所服务，就值得受到一视同仁的尊重。他还主张每个人无论贫富、贵贱、尊卑、美丑，都有参与政治的权利，彰显出强烈的平民色彩和公正意识。

墨子的公正观体现着他对人类对自然对社会的无私热爱和深切关怀。然而，作为小生产者的代表，他的这些思想主要反映的是小生产者想改变自身社会经济政治地位的要求，也不可避免地具有时代和阶级的局限性。兼爱、非攻、尚贤只是美好的愿望，在阶级社会中是无法实现的。

相关链接

墨子（约公元前 468—前 376），名翟，战国初年学者、思想家，墨家学派创始人。墨子作为中国战国时期著名思想家、政治家、军事家、社会活动家和自然科学家，提出了“兼爱”、“非攻”等观点，创立墨家学说，并有《墨子》一书传世。墨子在上说下教中言行颇多，但无亲笔著作。今存《墨子》一书中的《尚贤》、《尚同》、《兼爱》、《非攻》、《节用》、《节葬》、《天志》、《明鬼》、《非乐》、《非命》等篇，都是其弟子或再传弟子对他的思想言论的记录。

中华民族的文化博大精深，蕴含着丰富的公正思想，涉及经济、政治、社会文化多个方面。先秦时期的诸子百家对公平正义提出的鲜明而富有创造力的构想影响深远，几乎构成了整个封建社会关于公正的思想传统。后世的无数仁人志士也都为了构建一个公正和谐的社会做出过有益的尝试。然而，传统文化中的公正思想具有不可避免的历史局限性和阶级局限性，在封建专制的社会不可能得到真正的实现。毛泽东曾经指出："今天的中国是历史的中国的一个发展；我们是马克思主义的历史主义者，我们不应当割断历史。从孔夫子到孙中山，我们应当给以总结，承继这一份珍贵的遗产。"因此，我们需要更好地了解传统公正思想，做到扬弃地传承和创新。

二、西方社会中的公平正义传统

公正是全人类的共同向往与追求。在西方，对公正的思考与探索同样由来已久并且从未停止。

（一）古希腊时期的公正观

西方的公正思想发源于古希腊时期，这一时期的公正与美德紧密相关。在古希腊，美德的培养是最为重要的内容，而公正恰恰被看作一种特殊的美德。希腊人提出的"四主德"，即一个人的美德包括四个最主要的内容：智慧、勇敢、节制和正义。苏格拉底也明确指出公正是一种美德，是美德的一部分，由此展开了对公正的思考与追问。

1. 柏拉图的公正观

在古希腊，首先提出公平正义这一问题的是苏格拉底的得意门生——柏拉图。他的千古名著《理想国》被誉为古代的《正义论》，强调公正即和谐，影响西方至今数千年之久。

延伸阅读

柏拉图是古希腊城邦时代的政治哲学家，出生于雅典的一个名门望族。柏拉图生活的年代，正值雅典在伯罗奔尼撒战争中遭到失败，民主制出现危机，整个希腊城邦制度走向衰落。战争带来的社会风气的败坏、社会的分裂动荡和政治危机，对柏拉图的思想产生了重要影响。

大约在20岁，柏拉图结识了苏格拉底，他把苏格拉底当做最尊敬的师长和朋友，在自己的著作中多次称苏格拉底是“最有智慧的人”。然而，苏格拉底遭到当时掌权者的荒谬指控，最终被迫害致死。这使柏拉图受到极大的刺激和震撼，他痛切地意识到，法律和道德都在堕落，要想重塑公正、重建美德是极其困难的，而他恰恰要迎难而上。

苏格拉底（左）和柏拉图（右）

在《理想国》这部伟大著作中，柏拉图探讨了个人的正义和城邦的正义，继而论证了正义城邦的基本原则，描绘了城邦的基本结构和城邦内的人们的生活。在柏拉图看来，所谓公正就是实现或体现了至高的“善”的城邦。柏拉图认为国家是社会分工的产物，城邦的正义集中体现在社会分工上。在他的理想国中，城邦贯彻了严格的社会分工原则，只要统治者（哲学家）、辅助者（军人）和生产者（平民）各司其职、各尽其责、分工互助，国家就能实现正义。

正义是什么？柏拉图根据希腊人所谓的“四主德”，将美德进行了详细的阐述和区分。他不仅把正义看成是与智慧、勇敢、节制并列的“四主德”之一，并且认为正义是高于其他美德的最高境界。他把正义分为国家的正义和个人的正义。对国家来说，正义就是各个等级各守其位、各司其职。在理想国中，社会成员分为三个等级：统治者、军人和劳动者。它们分别代表了三种美德：智慧、勇敢和节制。如果上述三个等级各司其职而互不干涉，那么这个国家也就拥有了正义的美德。与此相应，个人也有三种心理功能和三种美德：理性及其美德智慧、意志及其美德勇敢、欲望及其美德节制。当三者和谐地发挥其职能时，个人就表现出正义的美德。也就是说，个人的正义表现为灵魂各组成部分和谐协调的一种内在的精神状态。总之，正义是在地位和作用上有着更高意义的美德。柏拉图借苏格拉底的口说：“在我们考察过了节制、勇敢和智慧后，在我们城邦里剩下的就是正义这个品质了，就是这个能够使节制、勇敢、智慧在这个城邦产生，并在它们产生之后一直保护着它们的这个品质了。”由此可见正义的作用。

延伸阅读

《理想国》一书阐述了一个理想城邦，描绘了城邦的原则、制度和生活方式等。这个城邦不存在于现实中，而是现实的各类城邦中合乎公正的因素的集中提炼和升华。正因为如此，它不会与现实中任何一个具体的城邦相吻合，因而只能是理想中的国度。

2. 亚里士多德的公正观

古希腊以城邦著称。亚里士多德是古希腊学术成就的集大成者，也是希腊城邦思想的总结者。同时，他也是第一个有意识地将人类知识区分为不同学科领域的人，并使得政治学成为独立的学科。亚里士多德说，人是城邦的动物，也是政治的动物。关于城邦的政治，他提倡公民的权利和民主的价值观。因此，在探讨城邦的问题中，亚里士多德对于公正也提出了许多影响深远的见地。

在亚里士多德看来，城邦是平等的自由公民的自治团体，在本性上是民主的。他指出，民主是公民由其身份而产生的权利，由于全体公民都有天赋的平等地位，所以大家都应该参与政治。公民的政治权利是正义的要求，在公民都具有平等的人格时，城邦就不应该把全邦的权利寄托给任何个人。在亚氏看来，公民的普遍参与是实现城邦稳定的必要条件，否则，没有政治权利的人就会成为城邦的仇敌，这样不正义的政体很难长久维持。要想维持城邦的稳定，还要以“中道”为原则，以中产阶级为基础。因为中产阶级人数最多，比其他阶级更为稳定，他们的地位使得他们既不像穷人那样贪图别人财物，也不会因为财产过多而引起穷人的觊觎。他们具有“中道”的美德，最能够顺从理性，不走极端，并且能成为贫富两个阶级的仲裁者，以减少内讧。此外，他还主张公民内部平等，对于城邦“轮番为治”。关于城邦的治理，亚里士多德还非常强调法律的作用，并系统阐述了法治的优越性，认为法律是没有感情的智慧，是合乎正义的、毫无偏私的。

亚里士多德系统地奠定了西方的正义论基础，并详细地对正义作出了分类。亚氏认为，正义是评价法律的最高标准，法律是实现正义的最可靠、最有力的保障。他指出，正义是指人们在社会关系中产生的美德，“中道”则是美德的特性。正义就是一个人获得的东西是他应得的。法律的好坏，应当以是否合乎正义为准。他将正义分为普遍的正义和个别的正义两种，其中个别的正义又分为分配的正义和平均的正义两种。普遍的正义是就社会的每一成员与整个社会的关系而言的，它要求全体成员的行为合乎法律，包括国家颁布的成文法和不成文的道德法典。个别的正义是就社会成员之间的关系而言的，其中所谓分配的正义就是一种赏罚分明的公平，而平均正义是人们之间关系的平等。

亚里士多德的总结几乎包含了整个城邦时代对于公正的思考，然而，当时古希腊社会中所存在的各种歧视也在亚里士多德那里得到了充分的体现。他明确否定“公民可以私有其本身”，认为任何公民都应成为城邦的一部分。无法跳出城邦的整体而看待每个人。并且，亚里士多德的民主观念和公民意识也是十分狭隘的。他完全否定了奴隶、外邦人和妇女的政治权利，并极力为奴隶制做辩护。他把公民资格限制在很小的范围内，认为从事“贱业”的工匠、商贩和农民没有资格从事政治活动，不应享有公民权。可见，即使是亚里士多德，也没能超越城邦时代的局限，他的公正思想也只是一种片面的公正。

延伸阅读

“吾爱吾师，吾更爱真理”

公元前384年，亚里士多德出生在希腊北方的史塔吉拉城，他的父亲是马其顿国王的御医，家境富裕。17岁时，亚里士多德来到雅典，师从柏拉图，在柏拉图创立的学园一待就是20年。从最初的学生成长为一名真正的思想家。在柏拉图死后，亚里士多德继续研究与探索，在追求真理的过程中，他否定了柏拉图的很多观点和理论，还创立了与老师截然不同的理论体系。有人对他提出质疑，甚至批评他对恩师不敬，亚里士多德以“吾爱吾师，吾更爱真理”回应他们，以示自己追求真理的决心。诚然，由于时代的局限，亚里士多德的观点也不是完全正确的，但这种精神是探索世界不可或缺的宝贵品质和人类社会发展的不竭动力。

(二) 中世纪的公正观

中世纪是一个信仰的时代。在漫长的中世纪，对上帝的虔诚信仰代替了哲学的理性沉思，一切其他学科都被纳入神学的框架，讲着神学的故事，穿上神学的外衣。公正的问题同样被纳入神学的视野之中，关于公平正义的理论也被深深地烙上了神学的印记。上帝成为正义的最高化身、正义的来源与评判者。自然归隐，上帝凸显，标志着以上帝为核心的神学正义时代的来临，正义即听从上帝的要求。

1.《圣经》：神学正义的元典

《圣经》是基督教的经典，也是中世纪西方神学正义的元典。《圣经》所代表的是基督教神学发展初期的朴素公正思想，是神学正义理论的根基。

第一，《圣经》的“原罪说”体现了神学正义理论违法必惩的精神。《圣经》中称，在世界之前，我们的祖先亚当与夏娃无忧无虑地生活在天堂里，因为偷吃了智慧的禁果，触犯了天律而被赶出伊甸园，这就是人类背负的原罪。“原罪说”是亚当触犯了天规而受到上帝的惩罚与诅咒。上帝对亚当说：“吃了我所吩咐你不可吃的那树上的果子，地必为你的缘故受咒诅。你必终身劳苦，才能从地里得吃的。”基督教认为，这种原罪不是由祖先单独来承担，而是每个人在降生的时候也继承了祖先的原罪。所有的罪在人出生之前本就已在祖先亚当身上存在了，亚当与他们具有“种”的同一性，所以亚当犯罪，所有后辈也就都参与了。这就是原罪。原罪说是基督教神学的基础，也是神学正义理论的人性根基与本原所在。原罪说体现了神学正义要求对违反法律的行为进行刑罚以及量罪用刑的精神。这就是基督教神学的正义——上帝的正义。

第二，《圣经》认为上帝的奖惩是公平正义的。上帝是宇宙的主宰者，代表着至善、智慧与公正。万能的上帝洞察世间万物习性、明断世间是非曲直。然而，上帝并不直接干预对事物的审判，而是通过派遣自己的使者——耶和华来审判地上的万物。所以，耶和华代表着上帝的旨意，依据着公正与正义的尺度。“他要按公义审判世界，按公正审判万民。”“审判的时候，不可看人的外貌，听讼不可分贵贱；不可惧怕人，因为审判是属乎神的。”这一审判的目的是“寻求公平，解救受欺压的，给孤儿申冤，为寡妇辨屈”。以上节选的内容都是对人世间的是是非非的审判。而对来世的审判与奖罚呢？那就是地狱和天堂。《圣经》告诉我们，罪恶的人会堕入地狱遭受各种折磨，而善德的人则升入天堂享受人间无法想象的快乐。神的审判就是上帝的奖惩，这种奖惩是依照上帝的意志，丝毫不偏袒罪恶之人，也不会冤枉正直向善之士。上帝的赏与罚完全是公正与正义的。这种神学的正义不仅给予中世纪社会以最高的道德原则，而且赋予了它维护道义的约束力和赏罚标准，凸显了上帝正义的尊贵与神圣性。

第三，《圣经》认为上帝的正义是永恒不变的最高正义。上帝是世间万物的主宰者、统治者和审判者，所以上帝的命令是最高的法律，也是最高的正义。服从上帝的命令就是人的正义。不仅如此，基督教还认为上帝是正义之源，上帝的正义是永恒的、普遍的，它超越一切时空，驻留在万物之中。摩西五经记载，公正既是上帝的戒命，又是人间的法律。纵然物是人非，世事变迁，朝代更迭，沧海桑田，上帝的正义也会像苍穹中闪耀的太阳，普天同照，泽被万秋，亘古不变，如一恒存。正如埃德蒙·柏克所说：“有一种东西，并且只有这种东西恒久不变。它先于这个世界而存在，并且也将存在于这个世界自身的组织结构之中，它就是正义。这种正义起源于上帝，驻留在我们每一个人的胸中……并且，当这个地球都化为灰烬之后，在我们的律师和诉讼当事人面对伟大的法官——上帝之时，它仍将特立永存。”从《圣经》开始，中世纪的基督教神学便开始站在一个看得更高、更远的角度审视公正的价值，在一个更广阔的范围内推行它的思想与观念。

《圣经》是犹太教与基督宗教（包括天主教、东正教和新教）的宗教经典。基督教的《圣经》由《旧约》和《新约》两部分所构成。《圣经》被认为是全球范围内发行量最大，翻译成语言种类最多的书，同时也是第一本被带进太空的书。

2. 奥古斯丁的神学公正观

奥古斯丁是基督教早期著名的神学家。他以柏拉图哲学为基础论证了基督教的基本教义，完成了基督教由朴素阶段向系统化、理论化的升华，为基督教思想的发展与传播奠定了基础。奥古斯丁有多部著作，其神学正义理论主要体现在他的著作《上帝之城》与《论自由意志》中。

对上帝之城与世俗之城的划分是奥古斯丁神学正义理论的核心。他借鉴柏拉图对世界的划分方法，把世界一分为二，一是上帝之城，二是世俗之城。他坚信在人类的黄金时代（即在人类来世以前），人们都生活在神圣的、纯洁的、正义的国度里。人人平等自由，共享财产和利益，没有人对人的统治。而人类来世以后，人的本性就被原罪败坏了。以前那种爱的秩序被色欲、贪欲、激情和权欲起主导作用的生活状态所取代，世界也因此有了上帝之城和世俗之城的划分。上帝之城和世俗之城并不仅限于某个城邦或国家的范围，它们不同于任何特殊的城邦或国家，而只是以善与恶来加以区别的。这里的“善”指的是真正的善，即基督教的善。基督之善是真正的善、纯洁的善、至上的善，它以《圣经》的箴言为品行的标准，以献身上帝和基督为生命的最高美德。“上帝之城只是基督的追随者和真正的上帝的崇拜者的共同体。他们以虔诚地默认上帝的指导作为生活。”上帝之城也称为天国，正义在这里得以完全实现。与此相反，世俗之城的人们追求欲望、权势和肉体的快乐，由于人类本性的缺陷，恶欲与恶行在世俗之城盛行。世俗之城与上帝之城的天壤之别，呈现出两幅截然不同的画面——一个是歌舞升平，人人安详、幸福，处处鸟语花香、阳光明媚；一个是饥寒交迫的困顿生活，处处尔虞我诈、争名夺利的世事纷扰。世俗之城的邪恶决定了它虽然有公平正义存在，但与上帝的公正相比，只是一种低等级的、不完善的公正。只有天国（上帝之城）才有绝对的和平秩序和绝对的公平正义。

相对于两个城邦，奥古斯丁也把“正义”划分为两个层次：一个是永恒法，它是正义的最高标准；一个是世俗法，它是永恒法的原则为了适应特殊的社会情况而提出的基本要求。永恒法是“一切事物借以处于完美秩序的法”，它“构成了正义和公道的普遍而神圣的源泉，正义和善从中流溢出来而进入其他的法”。因为永恒法体现的是上帝的意志和智慧，上帝将它印在了人类精神中，所有的人都应当通过理性去认识它，在任何时候都应该去服从它。永恒法是惩恶扬善的根据，它是普遍适用的，而世俗法是随着时间和地点而不断变化的法，在不同的国家里，“公正”的世俗法也会有很多的不同，正是这种不同赋予每个国家以单一性和独特性。国家和民族就是以各自的人定法为纽带而结合成的人类共同体。所以，人定的世俗法是变化的、独特的。

如果说永恒法体现了上帝的至善精神，那么世俗法适应的则是人性本恶的特点。也就是说，永恒法是为善者而设，世俗法则是为不善者而设。善者追求永恒的利益，可以超越贪欲的束缚，服从永恒法；而不善者贪图暂时的利益，放纵情欲、膨胀私心，敢于违背道德、践踏世俗法规，需要世俗法的强迫与震慑才会有所顾忌、收敛恶行，做出一些正义的行为。所以世俗法是不可缺少的，但它所体现的正义只不过是完善的正义的影子或近似物。

关于国家，奥古斯丁认为，国家之中必须有正义，因为国家是人民的，国家正是为了人民的利益才由君主、贵族或民众治理的。君主缺乏正义，便是暴君；贵族缺乏正义，便是寡头；人民缺乏正义，便是暴民。“如果没有正义，国家也只不过是强盗集团而已。”在奥古斯丁看来，国家和强盗集团的唯一区别就在于是否遵守上帝的永恒法。因此，他所想象的正义之国，是人人服从上帝、听从上帝引导，以理智指挥欲念，以无私的爱掌控行动，以虔诚的信仰对待生活。如果没有这种正义，也就没有真正的国家。奥古斯丁认为，人类历史在上帝的引导下，在遥远的将来，善终究会胜过恶，世俗国家终究会抵达天国，人类的苦难也将结束，取而代之的是永恒的、真正的幸福。但这只是一种美好的假设，而事实将会令他遗憾——即使世俗法试图服从永恒法的要求并在人间实现正义，也永远无法达到永恒法的完善境界。

延伸阅读

浪子回头的奥古斯丁

奥古斯丁于公元354年出生于北非阿尔及利亚一个小镇，父亲是商人，母亲是虔诚的基督教徒。奥古斯丁的一生颇具戏剧性。年轻时的奥古斯丁一直过着放荡不羁的生活，曾经与朋友“为了偷梨而偷梨”，不顾正义和道德。他还曾与一名女子同居生子，并取名“神赐”以讽刺上帝。直到 30 岁那年，他遇见基督教主教安布罗斯。安布罗斯对他说了一句改变其后半生的话：“假使你赢得了全世界，但失去了灵魂，又有何意义?”这句话使奥古斯丁陷入了长久的自我反省，终于在 3 年后受洗成为基督徒，并返回北非传教，成为当地神学领袖。公元 396 年，奥古斯丁被封为希波（Hippo）主教，并在同期开始以自传的手法撰写著作《忏悔录》。他在希波度过晚年，被后人尊称为圣奥古斯丁（St. Augustinus）。

3. 托马斯·阿奎那的神学公正观

托马斯·阿奎那是继奥古斯丁之后的又一位伟大神学家。如果说奥古斯丁的学说“神话”了正义的地位，使正义成了人类无法达到的境界，那么托马斯·阿奎那则把正义拉回平凡，让正义重返人间，把尊严还给社会。奥古斯丁从天国与人间的对立推导出社会的罪恶，把正义的实现寄托于来世与天国。而阿奎那却不这样认为。他深受亚里士多德哲学的影响，并从亚里士多德的自然观念出发，论证了城邦之国同样可以实现正义的理想。

阿奎那认可亚里士多德关于“人是政治和社会的动物”的观点。他认为人需要社会，因为社会是人的本性得以完善所必需的环境。孤零零的个人根本无法在这个世界生存，更别提好好生活了。在社会中，家庭是人们所依赖的第一个环境，它主要解决的是个人的生活用品与消费用品问题。但家庭无法满足人的生存与发展所需要的一切物质资料，更不能在道德上引导每个成员趋向完善，所以人们还需要城邦。因为城邦是唯一能确保道德条件和满足一切人的世俗需要的结合体，是实践理性的最完善的作品。城邦和家庭比起来，包括了所有人已经形成的各种关系，它服从一个更高的目的，也就是人的整体利益。因此，只有在城邦，人才能达到生活的完满。

阿奎那说，城邦就像人的身体一样，由各个不同的部分组成，每个部分都有自己的功能和利益，而作为城邦必须有一个机构来保护整体的利益，维护每个组成部分的秩序和统一。一个没有制度的城邦就像一个没有灵魂的身体，即使能称其为城邦也只是徒有虚名。制度是一个城邦的生活方式，好的制度是实现城邦正义的关键，它不仅能维护城邦的和平与和谐，还能够促进这个城邦公民的好生活与美德。阿奎那最向往的制度，是贤能的人因其美德而享有的王者之治。但在现实情况下，好的制度往往是混合制度，即以和谐的方式结合君主制、贵族制和特殊政体优点的制度。为了保持制度的稳定性和功效，最保险的治国原则是法治，因为法治可以避免人治对职权的滥用。他同时认为，法律是政治的工具，统治者可以通过法律的力量促进正义和道德，它在正义与公民社会之间架起了一座桥梁，使社会正义可以接近和体现绝对的正义。

回顾中世纪，最浓厚的就是宗教信仰的色彩。然而，即使是在神学的统摄下，透过奥古斯丁和阿奎那的神学公正观，我们不难发现，虽然关于公正的讨论被纳入神学的视野，但其关注的核心仍然是人类社会所面临的现实问题。

（三）近代西方的公正观

在西方历史上，漫长中世纪被称作“黑暗的时代”。随着宗教神学的发展，教会管制愈发严苛，科技文化发展缓慢，瘟疫在欧洲的蔓延更加剧了整个欧洲的恐慌，人们开始怀疑上帝的绝对权威。中世纪后期，资本主义萌芽产生，城市经济的繁荣使人们越来越关注“人”的力量和价值，对“公正”的定义也产生了新的思考。伴随着伟大的文艺复兴运动，人文主义的精神逐渐感染了整个西方社会。

文艺复兴之后，西方的公正观发生了重大的转变。人们不再只是一味地崇拜高高在上的“神”，而是越来越关注自身，产生了对“人”的尊重；对于“正义”的理解，不再拘泥于各守其位、各司其职，而认为正义是对自由、平等、博爱等人文精神的追求；服从上帝的法律不再是公正的唯一形式，制定规范合理的人间法律成为西方文明人的共识；从前作为一切行事标准的《圣经》也逐渐淡化，社会往往以人的理性作为衡量公正的标准。这一系列的变化使得西方的公正观念走进了近代。

近代西方涌现出众多卓越的思想家，他们关于公正的见解十分丰富精彩，对后世影响深远。总的来说，近代西方的公正思想所体现的都是自文艺复兴以来所倡导的“人”的精神，在这其中，有三种关键的核心精神尤其值得我们重温。

首先是自由、平等、博爱的精神。近代西方社会普遍把自由、平等、博爱等人文精神的追求看作正义的同义词。格劳秀斯、斯宾诺莎、卢梭、孟德斯鸠、康德等一大批思想家，都以自由、平等、博爱作为核心价值去阐发他们的正义观念。斯宾诺莎说，在原始的自然状态下并没有所谓的正义或者非正义，公正是社会的产物。在人类社会的状态下，法律所确定和捍卫的个人财产是实际的“公正”产生的根源。要是一个人具有永恒而稳定的意志，把应该属于每个人的东西都归给每个人，那么他就是公正的；而如果一个人企图把别人的东西占为己有，或者想要把一个人的东西夺取而给了另一个人，他就是不公正的。而在卢梭看来，要想实现社会的公正不能单单依靠某一种手段。在《论人类不平等的起源和基础》中，卢梭设定了一个自然状态，原本相互隔绝的自然人因为外界环境所设置的种种障碍而不得不相互合作。在经历了多次革命和突破后，终于进入了社会状态。他认为，要想获得社会的普遍正义，既需要每个人出于良心而产生道德上的正义感，又需要国家凭借法律而产生规则上的正义性，二者的结合才能创造整个社会真正的公平、公正。

其次是秩序的精神。霍布斯把秩序、安全和权威作为自己毕生追求的首要价值，他把正义和公道归结为每个人对法律的遵守。而

一枚 1977 年的 50 法郎的银币的背面图案（英文词为“自由、平等、博爱”）

在洛克看来，以自然法作为依据的自然状态缺乏判断人们行为的标准，也无法裁决人们之间的纠纷与矛盾。为了协调人与人之间的关系，大家就应该一起订立一个契约，在契约的基础上建立一个代表民意的国家和政府。而公正是什么呢？公正就是服从这种建立在契约基础上的国家的法律。因此国家和政府作为契约的产物，应当按法律办事，保障人民的权利。为了保证法律的充分实现，主权者应该是至高无上的、不受法律约束的，但是不受法律约束又往往会出问题。针对这种现实问题，为了防止当权者的个人专断，维护人民的利益和社会的公正，卢梭提出了人民主权说，而洛克和孟德斯鸠则提出了分权制衡的构想。这些维护秩序和法律的思想不仅体现了对于公正的向往，还力图为公正的获得做出切实努力。

延伸阅读

分权制衡

“绝对的权力导致绝对的腐败”。为了避免绝对的权力和绝对的腐败，分权制衡的思想应运而生。分权的典型理论是三权分立学说，它最早由英国著名思想家、政治家洛克提出，用来巩固当时英国的资产阶级革命成果并得到了广泛的传播。法国思想家孟德斯鸠在其基础上进行了深入的研究和发展，将三权分立诠释为立法、司法、行政三种力量分立制衡的形式。英法资产阶级革命和美国独立战争以后，三权分立成为资产阶级建立国家制度的根本原则。在当代，尽管西方国家的政治制度发生了很大变化，但三权分立仍然是它的一个根本特点。对于这种制度，西方的政治家和思想家非常推崇，认为只有实行三权分立，才是民主和法治的标志；不实行这种制度，就是专制。

最后是追求效益的精神。追求效益也是近代西方公正观的一种重要倾向，其典型代表就是功利主义。功利主义又被称作效益主义，最初风行于英国，后来这种哲学思潮对整个西方社会都产生了巨大的影响。它提倡追求最大的幸福，认为人应该做出他所能达到的最大的好行为，而人类行为的唯一目的就是获得最大效益，最终获得幸福。功利主义的早期代表人物休谟曾说："公共的效用是正义的唯一起源。"这一著名论断被当做功利主义公正观的最早表述。功利主义者认为，人的最高目标是获得幸福，因此人是利己的，而人与人之间的交往能够促进彼此利益的增加，所以功利主义者眼中的公正是一种双赢。既然公正是双赢，那么维护别人的利益其实就是维护自己的利益，成全别人的幸福也是为了保证自己的幸福。为了增加普遍的利益和幸福，人们才会遵守规则，正是这种心理产生了功利主义的道德。如果一个人的行动能够对社会的普遍利益和幸福产生效用，这个人就被认为是高尚的、幸福的、有道德的。这就是迄今都发挥着重要作用和影响力的功利主义的公正观。

自由、平等、博爱、秩序、效益，是近代以来西方公正理论的核心精神。无论是霍布斯、卢梭、孟德斯鸠，还是休谟、边沁、密尔，其公正理论都是以维护资本主义私有制为核心的，论证个人利益的神圣不可侵犯，论证资本主义私有制的正义性。西方的公正传统从古希腊古罗马时期发轫，历经漫长的中世纪，再到近代的公正理论，在漫长的过程中不断追问公正的意涵，提出了公正的价值目标，并不断尝试、寻求获得公正的途径，这一切都值得认可与尊重。然而在回顾西方文明中的公正传统时，我们不仅要看到这些思想中所闪烁的光芒，还要看清其纷繁观点下“公正”的本质，不能盲目地崇拜和迷信。

第三章

公正的现代价值意涵

公正作为一种重要的价值理念，被人们赋予了深刻的、丰富的内涵。公正的含义通常包括以下几种：(1) 公正意味着各得其分，各得其所，即“给予每个人他应得的部分”。(2) 公正指一种德行，这种德行的经典表述就是“己所不欲，勿施于人”，“己之所欲，乃施之于人”。(3) 公正意味着一种对等的回报。(4) 公正指一种形式上的平等。(5) 公正指某种“自然的”，从而也是理想的关系。(6) 公正指法治或合法性。(7) 公正指一种公正的体制。从以上的简要列举，我们不难发现公正的多面性和复杂性，要真正领悟公正的精髓，离不开历史与时代的现实。

延伸阅读

党的十八大报告指出：必须坚持维护社会公平正义。公平正义是中国特色社会主义的内在要求。要在全体人民共同奋斗、经济社会发展的基础上，加紧建设对保障社会公平正义具有重大作用的制度，逐步建立以权利公平、机会公平、规则公平为主要内容的社会公平保障体系，努力营造公平的社会环境，保证人民平等参与、平等发展权利。

公平正义始终是人类孜孜以求的社会理想。一般说来，公正主要是指权利公正、机会公正、规则公正。党的十八大报告指出：新世纪新阶段，党中央抓住重要战略机遇期，在全面建设小康社会进程中推进实践创新、理论创新、制度创新，强调坚持以人为本、全面协调可持续发展，提出构建社会主义和谐社会、加快生态文明建设，形成中国特色社会主义事业总体布局，着力保障和改善民生，促进社会公平正义，推动建设和谐世界，推进党的执政能力建设和先进性建设，成功在新的历史起点上坚持和发展了中国特色社会主义。

关于公平正义的重要性，温家宝同志在 2008 年 3 月 18 日的记者招待会上有精彩论述，他说：“如果说真理是思想体系的首要价值，那么公平正义就是社会主义国家制度的首要价值。”也就是说，没有公平正义，社会主义就失去了合法性和正当性。只有在一个机会、社会资源分配以及分配规则公平合理的社会，绝大多数人的梦想才会有实现的可能。

一、权利公正：社会公正的内在要求

权利公正是公正的内在要求，是社会和谐的重要立足点，没有权利公正就不能有机会公正和规则公正，权利公正具体体现在政治权利公正、分配公正、劳动权利平等等方面，归根到底，体现在社会成员具有平等的生存权和发展权上，并通过法律和制度以及社会运行机制体现出来。

1. 政治权利公正

权利公正，首先要保障人们政治权利的公正。牛津大学教授德沃金在《认真对待权利》一书中阐述了他的“权利平等”学说。德沃金是在与功利主义对立的意义上使用“权利”一词的，即如果某人对某事有某种权利，那么，政府即便为集体利益也不能否定这种权利。换言之，在明显可见的巨大利益的诱惑面前，如果它会构成对少数人甚至某一个人抽象的、看不见的、似乎无关紧要的权利的侵害，那么也是要拒绝这种利益。德沃金强调，政府对人民的“平等关怀和尊重”不能立足于功利的基础，而必须立足于道德的理由，以避免政府有时可能会以“最多数人的最大利益”为名否定少数弱势群体的基本权利；避免出现以虚假的或者错认的“国家利益”、“人民利益”之名，否定相当多少数群体的权利和利益的情况。

《中华人民共和国宪法》明确规定：“国家尊重和保障人权。”一个人来到世上，他就具有人所应当具有的基本权利，如生存权、社会保障权、受教育权等。这就要求努力营造维护权利公平的制度环境，切实维护和落实宪法和法律规定的公民各项权利，保证全体社会成员都能平等地享有受教育权利、工作就业权利、参与社会政治生活以及其他法律规定的权利，努力为每个社会成员提供均等的发展机会。坚持法律和规则面前人人平等，任何人、任何团体都不能有超越法律和规则的特权。

在我国，人民是国家的主人，国家不能以任何名义剥夺人民的基本权利，必须把这些基本权利落到实处，使人民真正享受到国家权力保护下的自由和选择权，在公正的环境和政策下，使得人民的主体地位和真正诉求表达出来。我们要积极推进以坚持人民主体地位为核心内容的政治体制改革，切实保障公民选举权与被选举权的平等，优化参政议政的机制，切实保障人民平等参与国家政治生活的权利，保障公民参与关切自身利益的各种决策。拓宽和健全监督渠道，把权力运行置于有效的监督和制约之下。

相关链接

全面深化改革的总目标

2010年3月14日，十一届全国人大三次会议审议通过《选举法修正案（草案）》，以进一步增强人大代表选举的普遍性和平等性。选举法修改的总要求包括三个层面：一是保障公民都享有平等的选举权，实行城乡按相同人口比例选举代表，体现人人平等；二是保障各地方在国家权力机关有平等的参与权，各行政区域不论人口多少，都有相同的基本名额，都能选举一定数量的代表，体现地区平等；三是保障各民族都有适当数量的代表，人口再少的民族，也要有一名代表，体现民族平等。在我国城乡选举人大代表的人口比例，经历了一个变化的过程。1953年制定的选举法，根据当时的经济社会发展状况，全国人大代表中农村与城市每一代表所代表的人口数的比例为8∶1。改革开放以来，我国经济社会快速发展，城镇化进程不断推进，城乡人口结构比例发生了较大的变化，1995年修改选举法时，将这一比例由8∶1修改为4∶1。十一届全国人大三次会议又适时修改选举法，规定城乡按相同人口比例选举人大代表。

2. 劳动权利平等

《中华人民共和国劳动法》规定了劳动者在劳动关系中的各项权利，主要有以下几个方面：（1）劳动者有平等就业的权利。具有劳动能力的公民，有获得职业的权利。（2）劳动者有选择职业的权利。劳动者可以根据自己的意愿选择适合自己才能、爱好的职业。（3）劳动者有取得劳动报酬的权利。（4）劳动者有权获得劳动安全卫生保护的权利。一般所谓的劳动权利即指有劳动能力的公民能够参加劳动并因此取得劳动报酬的权利。

延伸阅读

《中华人民共和国宪法》规定："中华人民共和国公民有劳动的权利和义务。国家通过各种途径，创造劳动就业条件，加强劳动保护，改善劳动条件，并在发展生产的基础上，提高劳动报酬和福利待遇。"为了实现公民享有的劳动权利，《中华人民共和国劳动法》进一步规定："劳动者享有平等就业和选择职业的权利"，"劳动者就业，不因民族、种族、性别、宗教信仰不同而受歧视"。为了保障劳动者的平等就业权利，我国对劳动招工制度作了重要改革，实行面向社会、公开招收，即向社会公布招工简章，允许符合招工条件的城镇待业人员和国家规定允许从农村招收的人员均可报考，给求职者以平等竞争就业的机会，不得以任何形式进行内部招工，也不得搞"子女顶替"。对于经考试考核合格录用的工人名单，张榜公布，公开录用，以接受群众监督，从而防止招工中"开后门"等不正之风。

关于劳动权利平等，马克思针对资本主义社会资本家对工人的残酷剥削，有丰富的理论阐释。主要包括：首先是劳动资格权。其基本内涵是指有劳动意愿又有相应劳动能力者有从事一定劳动的权利。劳动是人的生存之本，是人类生活的永恒的自然条件，劳动是人的发展之本，劳动使人改变自然时也就同时改变他自身的自然。马克思在其劳动解放人的思想中，提出劳动之所以能解放人的根本依据在于劳动是人的本质活动，也就意味着劳动是劳动者的一种基本人权，应该保障劳动者的劳动资格权。

其次是劳动条件权。其基本内涵是指在具体劳动过程中应保障劳动者的劳动条件适宜。劳动条件权主要包括劳动报酬权、休息休假权、职业安全保护权、劳动福利权、劳动环境权、劳动参与权等。

再次是劳动后对劳动成果的分享权。主要指劳动者按劳动贡献获得相应收入以及在暂时或永久丧失劳动能力时，如在年老、患病、工伤、生育、失业的情况下，可以从国家社会获得一定物质补偿和帮助以维持其基本生活的权利。

在当代西方，罗尔斯“平等主义”的公正思想影响深远。罗尔斯认为人并非生而平等，而是因先天自然禀赋与后天社会地位、环境机遇的差别处于事实上不平等的状况。建立社会基本体制的正义原则应保障个人基本自由并调节不平等的事实。他因此提出了作为其正义理论核心的两个正义原则：第一个原则是，每个人都具有这样一种平等权利，即与其他人的同样自由相容的最广泛的基本自由；罗尔斯把第一个原则叫做平等原则，平等原则主要考虑确立和保障公民的平等自由方面。这种对权利平等的强调，对于消除当前社会中的就业歧视（比如性别歧视）、农民工劳动权利的破坏、残疾人就业障碍等不良现象是一个很好的启示和借鉴。

3. 分配公正

关于分配正义的政治学问题，早在古希腊时期，亚里士多德就提出了著名的“算术比例分配”和“几何比例分配”两大原则。亚里士多德首先将公正的实现具体分成两类。第一类就是所谓的分配公正。为了防止让“相等的人分得了不相等的事物，不相等的人反而分得了相等的事物”这样不公正的事情发生。其次，他始终认为“中道”是正义的美德，严重的两极分化是不正义的社会现象，所以需要由第三方（法律或政府）来加以计算矫正。亚里士多德关于分配正义的经典论述是我们处理市场经济下公平正义问题的一个很好的视角，对处理公平和效率问题具有启发性意义。

在西方思想史上，功利主义的公平观念可谓声名卓著。在功利主义者看来，公平即效率，因为效率就蕴含在公平之中，社会一旦实现最大多数人的最大福利，经济效益必然提高，也就实现了最高道德目标。因此，功利主义认为一切立法、政府政策和道德原则的最终评判标准，是其实行后所能达到的功利水平，功利主义者以人的感觉所表现的快乐作为判定的基本出发点，并推导出个人从事经贸、拥有财产、政治信仰自由可以促进个人功利和社会总体功利的最大化。

知识拓展

边沁功利主义两原则

1. 自利原则。当人们进行各种活动的时候，凡是对自己的最大幸福能有最高贡献的，不管对自己以外的全体幸福带来什么样的结果，他都会全力追求，这是人性的一种必然倾向。

2. 最大幸福原则。人的本性是避苦求乐，人的行为受功利原则支配，追求功利就是追求幸福，个人就是要追求其自身的最大幸福；对于政府和整个社会来说也应该追求最多数人的最大幸福。

然而，功利主义正义观忽视了权利保护和自由等非效用的有关正义的常识性推测，忽视了全社会福利总量和余额在社会成员中的实际不平等分配。在现代化进程中，世界经济增量主要流向发达国家，而在发达国家内部经济增量则主要流向富裕人群，出现了“富者越富、贫者越贫”的马太效应。

延伸阅读

马太效应（Matthew effect），指强者愈强、弱者愈弱的现象。《圣经·新约·马太福音》第25章这么说道："凡有的，还要加给他叫他多余；没有的，连他所有的也要夺过来。"社会学家从中引申出了"马太效应"这一概念，用以描述社会生活领域中普遍存在的两极分化现象。

在社会主义市场经济条件下，我们要正确处理公平与效率二者的关系，并明确二者真正应有的意涵。

首先，所谓"效率优先"，就是要坚持机会均等，在初次分配中贯彻按各种生产要素的贡献进行分配，如此才能做到人尽其才、物尽其用、地尽其利。正因为如此，党的十六大确立了劳动、资本、技术、管理等生产要素按贡献参与分配的原则，党的十七大则将按生产要素贡献分配确定为分配制度。

其次，所谓"兼顾平等"，是指在收入再分配中，政府要通过税收和社会保障及社会福利政策的调节，使初次分配中形成的收入差距控制在社会成员所能接受或所能容忍的一定限度内。如果社会选择了这样一种分配制度，使得社会能够用最少的效率损失达到最大程度的收入平等，或用最小的收入不平等，促进效率的最大幅度的提高，达到这种平等与效率的最佳组合就应该是公平的分配。

相关链接

电车难题

牛津大学教授菲利帕·福特提出了一个著名的思想实验——"电车难题"，对功利主义进行了批判。实验如下：在电车轨道上，你驾驶一辆电车疾驰而来，刹车失灵，在电车原轨道前方有5个人在干活，轨道旁边的岔道上有1个人，在这种情况下，两条轨道中只有一个选择，要么继续开，要么拉动控制杆把电车转到岔道上，你会怎么选择？根据功利主义，它不考虑一个人的行为的动机和手段，仅考虑一个行为的结果对最大快乐值的影响，能增加最大快乐值的就是善，反之就是恶。而如何达到最大快乐值？就是计算，把所有的收益（快乐）相加，减去所有的损耗痛苦。边沁的思想使我们把一个道德困境简化成一个加减法问题。因此，在这种情况下，驾驶员做出决策的依据是“最多数人的最大利益”，即5个人的利益大于1个人的利益，他应该选择拉动控制杆，杀死1个人，拯救5个人。但是，5个人的生命价值不大于1个人的生命价值。如果拉动控制杆杀死了1个人，这个行为也是一个不道德的行为，你需要对这个人的死负部分责任。

马克思指出，按劳分配由于承认“天赋特权”等原因，必然造成社会成员实际收入的不平等，甚至很不平等。因此，我们一方面要允许甚至鼓励由于按劳分配的收入不平等而先富起来，另一方面也要注意防止按劳分配造成的实际差别过大，导致两极分化的恶果。邓小平曾反复强调：“多劳应该多得，但是必须照顾整个社会。”因此，“对一部分先富裕起来的个人，也要有一些限制，例如，征收所得税。还有，提倡有的人富裕起来以后，自愿拿出钱来办教育、修路”；“发达地区要继续发展，并通过多交利税和技术转让等方式大力支持不发达地区”。这些原则要求和具体设想，充分反映了旨在克服按劳分配可能造成的负面影响，通过加强税收调节、发展社会公益事业等手段，援助弱势群体的社会调控思想。

总之，我们要注重权利公正，还必须考虑到不同地区、不同发展状况的差距。在共同富裕的目标前提下，我们要认识到：权利平等原则，是共同富裕原则的哲学依据。如果说共同富裕是从经济角度，特别是从对社会物质财富的分配角度提出的实质公正的话，那么权利平等则是从政治角度提出的、涵盖社会成员在社会生活各领域之主体性的实质公正。就每个国家的人民所渴望建立的“好社会”

而言，光是国家总体经济实力的富裕，甚至全民共同富裕都是不够的，还要废除一切特权，实现社会平等——人人权利平等。共同富裕和权利平等，是体现社会主义本质的两个方面，二者缺一不可。

在我国，不论民族、性别、职业、财富等，每个人都一律平等地享有基本权利。应加大法治建设力度，完善法律制度体系，保障公民合法的政治权利和经济文化社会等方面的权利，建立健全公民享有和行使权力的体制机制，保障人民当家作主。重点完善公共财政制度、义务教育和职业教育制度、基本医疗卫生制度、收入分配制度、社会保障制度等等，促进基本公共服务均等化，使不同的地区、不同的人群都能享受平等待遇。完善权利维护和保障机制，着力解决征地拆迁、环境污染、工资拖欠等群众权利受损的突出问题，确保权利公平的实现。

二、机会公正：社会公正的前提

机会公正是社会公正的前提，是社会和谐的基本条件。在实际的社会生活中，机会公正的主要表现是：拥有平等的参与机会，人人都有获得平等的发展潜力和施展才华的机会等。在权利公正的基础上，机会公正是实现社会公正的首要前提。如果机会不公正，权利公正和规则公正只会流于形式。机会公正，即一个人一生的成就主要取决于本人的才能和努力，不应受种族、性别、社会以及家庭背景或者出生地等因素的影响。也就是说，社会应该给每一个人平等的机会，实现相对公平的竞争环境，满足实质的机会公平要求。

（一）机会公正的含义

1. 起点的公正

也就是说，凡是具有相同潜能的人都应该拥有同样的起点，以便争取同样的前景。权利“无添加”，起点要平等，基本权利不能因为出身、职业、财富等附加条件而被区别对待。

起点平等强调的是决定一个人机会和前程的唯一因素是才能而不是其他，这种平等主要是原则性的，即克服明显的人为歧视和区别对待。

相关链接

同一起点

当今社会，必须首先关注机会平等，如果人们所处的起跑点不一样，有的人天生比别人更有优势，占有更多的资源，有更好的机会，发展就无从谈起。其次，对弱势群体要给予充分的关注，这也就是结果意义上的公正。前者优先考虑，后者需要保障，逐渐解决。

2. 过程公正

机会的实现过程必须排除一切非正常因素，如特权的干扰。过程公正是结果公正的前提，没有过程的公正就不会有真正意义上的结果公正。

过程公正主要包括三方面：一是人们有公平地进入市场的机会。市场对每一个人的开放程度都应该是相等的，不应该给一部分人贴上允许进入的标签，而对另一部分人贴上不允许进入的标签。二是人们有公平的就业机会。这就必须排除诸如性别、家庭背景等个人特征对人们就业的影响，否则就会使一部分人失去获得某些职业和较高报酬的机会。三是人们有公平地获得资本的机会。资本市场天生就偏爱富人，对富人的偏爱实际上就是对穷人的歧视。作为前提的机会不均等和作为结果产生的非效率，以及以后机会的进一步不均等所产生的恶性循环，将直接影响穷人在开办企业、购买住房、接受教育以及所有形式方面的差别对待。

相关链接

一个舰队决定它速度快慢的不是那个航行最快的船只，而是那个最慢的船只。如果我们改善了困难群体的生活状况，也就改善了整个社会的生活状况。

——温家宝

总之，实现过程公正要从总体上保证每个社会成员享有大致相同的平等发展机会，具有大致相同潜能和相同意愿的社会成员应当有着大致相同的发展机会和发展前景。在参与社会财富等社会资源分配之前，机会平等的原则要求摒弃先赋性因素（比如身份、家庭出身、性别等）的影响，保证每一个社会成员能够有一个平等竞争的条件，能够得到公正的对待，从而最大限度地发挥每一个社会成员的能力。

（二）机会公正的主要体现

1. 教育公正

教育公正是指每个社会成员都公平地享有受教育权以及在享受公共教育资源时受到公正和平等的对待，包括教育权利平等、教育机会均等、教育资源共享等基本理念。

社会公正是社会和谐的基本条件，而教育公正则是促进社会公正的"最伟大工具"。因为一个社会不可能做到财富的绝对公正，但要尽力做到机会的公正。教育公正则是机会公正的基础。

政治哲学主要从分配正义的角度对如何安排教育公正及教育公正的重要性进行哲学分析。分配正义包括程序正义和结果正义。所谓程序正义，是指在一定的共同体中，所制定出来的分配规则或途径对每一个分配成员是公平的、平等的。结果正义是指分配成员平等地享有各种善的事态，也就是从分配的实际结果上看分配是否是正义的。程序正义是前提，只有保证分配规则不因被操纵而偏袒于某些人，才有可能产生结果正义。但有了程序正义，并不能保证结果正义。结果正义是目的，一个正义的社会制度的安排总是通过不断地修改程序正义而最大程度地实现结果公平。谈论程序正义，首先要确定程序正义的范围即正义的环境，程序应该由具有成员资格的人制定并平等地适用于每一个成员。

相关链接

《中华人民共和国教育法》第九条规定："公民不分民族、种族、性别、职业、财产状况、宗教信仰等，依法享有平等的受教育机会。"第三十六条规定："受教育者在入学、升学、就业等方面依法享有平等权利。"1997 年 10 月 27 日中国政府正式签署的《经济、社会和文化权利国际公约》第十三条规定："高等教育应根据成绩，以一切适当方法，对一切人平等开放。"《中华人民共和国义务教育法》总则第二条规定："国家实行九年义务教育制度。义务教育是国家统一实施的所有适龄儿童、少年必须接受的教育，是国家必须予以保障的公益性事业。实施义务教育，不收学费、杂费。"这些以法律的形式规定了教育公平。

当前，我国社会的教育不公正主要体现在：一是城市教育与农村教育的不公正；二是区域教育之间的不公正；三是学校教育之间的不公正；四是弱势群体面临的教育不公正。

习近平总书记强调，要努力让每个孩子享有受教育的机会，努力让 13 亿人民享有更好更公平的教育。努力让每个适龄儿童都能享受良好的教育，都有人生出彩的机会。义务教育一定要搞好，让孩子们从小受到好的教育。再穷不能穷教育，再穷不能穷孩子。治贫先治愚，要把下一代的教育工作做好，特别是要重视贫困地区下一代的成长。这些重要论述，体现了我们党以人为本、执政为民的价值取向，是新时期推进教育公平的重要指导方针。

我们要以改善农村教育为重点，完善农村中小学布局，教育资源向农村倾斜，向边远、贫困、民族地区和中西部地区倾斜，向薄弱学校倾斜。继续加大力度实施贫困地区定向招生专项计划和支援中西部地区招生协作计划，进一步提高贫困地区农村学生进入重点高校比例。以保障每一个孩子都有学上为底线，积极推动进城务工人员子女平等接受教育，进一步做好随迁子女在当地参加升学考试的政策衔接，改善农村留守儿童接受义务教育状况，健全农村留守儿童关爱服务体系。充分利用教育信息化扩大优质教育资源覆盖面，使更多的学生接受优质教育，逐步缩小区域、城乡、校际差距。

当然，在教育问题上，国家不可能担保一切，学校也不可能承诺一切。受教育者的成长与发展，既需要外在的条件与环境，也需要自身的努力与奋斗。但有一点则是国家必须向公民保证、学校必须向受教育者承诺的，这就是：机会——公正的教育机会。国家有责任采取各种坚决措施，为每个公民提供就学的公平机会，提供就读优质学校的公平机会。学校也有责任探索各种有效方式，为每个受教育者提供充分参与教育过程的公平机会。首先是就学的机会，然后是就读优质学校的机会，最后是充分参与教育过程的机会。这是从我国整个国家学校教育系统来看的教育机会公正实践的三部曲。

2. 就业公正

机会公正还包括就业公正。在正常的市场经济中，劳动力作为生产要素，其需求必然受到经济周期和市场需要的影响，存在失业的风险，失业意味着一部分人非自愿地被剥夺了通过自己劳动创造自己福利的机会。就业公平不仅是一个经济问题，还是一个社会公平问题。

相关链接

2013年全国高校毕业生人数比2012年增加19万，但对近500家用人单位的统计表明，当年计划招聘岗位数同比平均降幅约为15%。经济增长放缓，毕业生总量增加，就业结构性矛盾突出，重重压力下，社会就业体系能否做到机会公平极为重要。实现就业的难度有多大，维护公平的难度就有多大。这些都对社会公平提出了严峻考验。

按照罗尔斯的第一正义原则，每个人，不论身份、社会地位和自然禀赋都享有基本权利和自由，那么如何面对现实生活中出现的社会经济不平等现象？罗尔斯试图利用他的第二正义原则即“差别原则”加以解决。第二个原则指的是机会的公正公平原则和差别原则的结合，第一要保证机会平等，使得机会上的平等尽可能扩展到所有的职位和职务，即前程向所有人开放；第二要使由于先天的差别而造成的不平等适合于最少受惠者的最大利益。第二个原则中的机会平等原则优先于差别原则，这两个原则的要义是在平等分配各种基本权利的同时，尽量给最少受益者带来利益的补偿。罗尔斯认为第二个原则正视了资本主义私有制和自由市场经济造成权益分配不均的问题，承认自然才智与后天机遇也会导致事实上的不平等，因而主张将社会制度容许的社会和经济的不平等，限制在使地位最不幸者（如不熟练工人或中等收入以下者）能获得最大可能的利益，就是以“补偿原则”使社会资源与财富分配对他们有所倾斜。

罗尔斯强调社会职务和岗位的开放性和公平获得机会对支配经济活动和财富分配至关重要，并且批判以往自由主义者虽表面赞同“向才能开放”、唯才是举，但实质上只主张虚假形式的机会平等，贫穷阶层的人往往得不到教育和就业机会，出身富贵门第者受高等教育而进入社会的精英阶层，形成不公平的“自然的贵族制”。他主张教育与就业体系应使所有的人都有获得知识和职位的平等机会，以“铲除阶级藩篱”。罗尔斯的正义原则，以平等的个体自由为基点，主张在修正现存社会体制中发挥国家的调节作用，扩大补偿性社会福利，可以较好地避免自由市场经济与西方政治中因权益分配过分悬殊而造成的社会冲突。

凯恩斯则在其关于就业的一般理论中，阐述了失业的原因和解决方法。他否定之前古典经济理论中以完全竞争为前提得出充分就业是资本主义经济常态的结论，认为非充分就业是社会经济的通常状况。他认为，社会中除了“摩擦性失业”（在劳动力资源转移过程中造成的临时性失业）和“自愿性失业”（劳动力因拒绝现行工资而导致的失业）外，还存在第三种失业，就是“非自愿性失业”，也就是说，有一部分劳动力虽然愿意接受现行工资，但仍然找不到工作。

这样的“非自愿性失业”在我们当前社会中也一定程度地存在着。由于各种限制和要求，比如学历要求、证书限制、年龄限制、性别歧视等等会使得一部分人得不到就业的机会。很普遍的例子就是当前大学生就业中，公司招聘中会明确写出学校要求、专业要求等，甚至有些职位是专门为“关系户”优先设置和选取的。这样的一些不公正现象体现了我们政策和规则制定的迫切性。

（三）机会公正实现的迫切性

机会公正原则能够保障人们的命运取决于自己的选择而不是取决于他们的境况。如果我是在一个机会平等的社会里追求自己的志向，那么，无论成功与失败，都只取决于我自己的表现而不取决于我的种族、阶级和性别。

在一个机会平等的社会里，收入的不平等是公平的，因为成功是一种奖励，它只给那些应该得到它的人。这里涉及公正的按贡献分配原则，也就是说，要依据每一个社会成员的具体贡献进行有差别的分配。在社会财富等社会资源的形成过程中，每一个社会成员所投入的劳动的数量和质量、所投入的生产要素是有差别的，因而，每一个社会成员对社会的贡献也是有差别的。按照贡献进行分配，就是要把每一个人的具体贡献同自身的切身利益紧密地结合起来。这样做，有利于调动每一个社会成员的积极性和主动性，从而有利于激发社会的创造活力，使一切创造社会财富的源泉充分涌流。

现实生活中，每个人都有自己的理想追求，都渴望平等地拥有拼搏奋斗、展现自己的机会，社会应对就业困难群体给予更多的支持。

相关链接

机会公正：苦累都不怕，就怕没机会

“要不是‘教育扶贫工程’，我就没有机会考上大学。”那些通过政府资助完成学业的贫困生的话，十八大代表、海南省教育厅厅长胡光辉时常想起。“资源不平衡，严重阻碍着教育机会的公平。”胡光辉说，我们首创教育扶贫工程，将山区学生迁至县城中学就读，“包吃、包住、包学费”，迄今已提供4万多个优质学位。

十八大代表、四川电子科技大学党委书记王志强认为，机会不公平在普通人生活中最突出的表现可能就是教育，农村的孩子受教育的条件比城里孩子差，而家有学区房的孩子也有更多接受优质教育的机会。

教育只是一角。近年来，“苦累都不怕，就怕没机会”、“幸福不幸福，机会要公平”已成为一些弱势人群的心声。

三、规则公正：社会公正的重要保证

规则，就广义而言，包括了所有的法律、政策、制度、规定等。一般而言，规则肯定是经过慎重考虑，经过一定程序产生的，用于规范人们的行为。既然是这样，规则就应该有权威，规则就应该对任何人都不能例外。而超越了规则，就形成了“特权”和“潜规则”，会严重破坏公平。权利公正赋予了每个人平等参与经济和社会活动的权利，机会公正赋予了每个人平等参与经济和社会活动的机会，而规则公正使得每个人受着同样的行为规范的约束，在同样的规则中展开竞争，体现着过程的公平，是实现社会公正的重要环节。

（一）规则公正的重要性

任何一个社会都需要有一套规则来保证运行，公平正义则是这套规则的灵魂。实现公平正义的社会，规则公正是必不可少的一个环节。

权利公正和机会公正要通过规则公正来体现。众所周知，权利公正和机会公正要靠制度来保证，真正实现了制度公正，社会公正也就大有希望了——这是现代公正理论所揭示的一条基本原理。而要维护公平正义，必须反对特权现象。哪里有特权，哪里就有不公。在我国，任何组织和个人都没有超越宪法和法律的特权，所有公职人员都不得谋求法律和政策规定之外的任何私利和特权。

延伸阅读

"经适房腐败"

郑州市"经适房腐败"背后的黑色利益链，已成为郑州市的腐败重灾区。仅2011年该市就因"经适房腐败"党政纪立案14件，移送司法机关12人，涉案金额1.1亿多元，收缴违纪违法资金5 200多万元。此外，根据郑州市房管局提供的数字，2005—2009年，开发商上交至郑州市经济适用房管理中心供市民公开选购的经济适用房房源，仅占总房源的1/3，其余都流入"暗渠"。

某种意义上，郑州"房妹"事件是一个具体而微的样本，为当下时代更广泛意义上的"不公"提供了一份解剖切片和一个注脚。造成"中国式不公"的根源，很大程度上是因为对公权力失去有效的制约，导致一些权力者在进行资源分配时，无视和破坏规则，贪婪地将公利转成私利。

规则公正是社会公正的重要环节，是社会和谐的必要保障。公正的深层意蕴是由社会政策、制度、机制、运行等方面因素构成的社会规则在现实社会发展阶段的合理性，合理的规则是公正的社会存在形式。从社会制度或者国家制度层面讲，一方面要合乎社会发展的规律，另一方面又要合乎最大多数社会成员的愿望和要求。因此，社会规则公正要求社会主体在参与经济和社会发展的过程中所面对的行为规范和行动准则都必须正确地、真实地反映社会生活中的各种关系及其相互作用，反映经济和社会的发展趋势，体现人民的愿望和要求。

延伸阅读

"潜规则"：私下的规则替换

1. 是人们私下认可的行为约束。

2. 这种行为约束，依据当事人双方（各方）给对方带来利益或者给对方带来的伤害能力，在社会行为主体的互动中自发形成，可以使互动各方的冲突减少，降低交易成本。

3. 所谓约束，就是行为越界必将招致报复，对这种利害后果的共识，强化了互动各方对彼此行为的预期的稳定性。

4. 这种在实际上得到遵从的规矩，背离了正义观念或正式制度规定，侵犯了主流意识形态或正式制度所维护的利益，因此不得不以隐蔽的形式存在，当事人对隐蔽形式本身也有明确的认可。

5. 通过这种隐蔽，当事人将正式规则的代表屏蔽于局部互动之外，或者，将代表拉入私下交易之中，凭借这种私下的规则替换，获取正式规则所不能提供的利益。

法治社会的一个基本命题就是规则公正，规则对于任何人都不能有例外。规则公正也称形式公平、市场公平，意即在规则面前人人平等，没有区别对待。它的相对概念是结果公平，也称实质公平、社会公平。实际上，规则公正的理念就是依法治国的理念。

要建成社会主义法治国家，其核心要求就是：制定出了规则以后，大家在规则面前一律平等，不论职位高低，不论贫富，不能有特权，权不能大于法，个人不能凌驾于法律之上。公正体现在实体法的许多具体内容之中，并通过许多的具体内容表现出来。比如，公正对宪法的要求是必须体现“人民主权”这一最大的公正原则，使得人民成为国家的主人。其次，权力机关、司法机关、政府等的组成要贯彻民主化原则，才能体现出政权组织形式中的公正。再次，在法律管辖范围内的公民，平等享有宪法规定的权利，平等地履行宪法规定的义务，不允许有特权，也即在公民的权利义务中体现公正。

在我国，程序正义和机会公平是一个非常重要的实现社会公正的实践途径，是减少和杜绝“潜规则”现象的良药。从操作层面上看，程序正义有两条原则必须引起关注：一是合法性判断优先于道德判断。在一个法治国家中，每一个人的行为评价都必须要以合法性评价为先。不管你以前的政绩、道德、口碑多高，今天从法治国家的要求来衡量，在法律面前人人平等。所以执政党的行为也不例外，必须在法律范围内依法行事、依法执政。二是形式的合理性优先于实质的合理性。社会主义法治国家强调法治程序合理，强调尊重法律和法治程序的权威性。任何藐视宪法和法律以及法治程序的行为都是绝对不允许的，都必须受到严厉惩罚。

（二）努力促进规则公正

当前为促进社会公正，需要建立健全各方科学有效的权益保障机制，用健全的制度、体制和机制维护、保障和实现人民群众的合法权益。一方面，通过科学合理的制度安排，确保规则公正严明、不偏不倚；另一方面，全社会都应该严格按照规则办事，坚决抵制潜规则。

首先，要建立健全科学有效的就业权保障机制。健全面向全体劳动者的职业技能培训制度，加强创业培训和再就业培训，深入户籍、劳动就业等制度改革，逐步形成城乡统一的人才市场和劳动力市场，完善人员流动政策，规范发展就业服务机构。同时，还要完善劳动关系协调机制，健全劳动保障监察体制和劳动争议调处仲裁机制，维护劳动者的合法权益。

其次，要健全科学有效的健康权保障机制。要求我们必须坚持公共医疗卫生的公益性质，深化医疗卫生体制改革，建设覆盖城乡居民的基本卫生保障制度，尤其是要解决当前人们看病难、看病贵的问题，健全医疗卫生服务体系。

再次，要健全科学有效的受教育权保障机制，我国宪法明文规定，中华人民共和国公民有受教育的权利和义务。保障人民享有受教育的机会，是党和政府义不容辞的责任。这就要求全面贯彻党的教育方针，大力实施科教兴国和人才强国战略，全面实施素质教育，深化教育改革，提高教育质量，建设现代国民教育体系和终身教育体系，保障人民享有接受良好教育的机会。

最后，要健全科学有效的受救助权保障机制。获得社会救助是公民应享受的权利，为公民提供社会救助是国家或者社会应尽的义务，这就要求我们适应人口老龄化、城镇化、就业方式多样化，逐步建立社会保险、社会救助、社会福利、慈善事业相衔接的覆盖城乡居民的社会保障体系。在现阶段，尤其是要完善城镇职工基本医疗保险，逐步建立农村最低生活保障制度，完善城市低保、农村五保供养、特困户救助、灾民救助、城市生活无着的流浪乞讨人员的救助等制度。此外还要努力健全科学有效的保障公民公平享受基本公共服务的权利的机制。

健全的社会保障体系是人民生活的安全网、收入分配的调节阀、经济运行的减震器和社会发展的稳定器。作为国家和社会为保证其成员基本生活权利而提供救助和补助的一种制度，社会保障在调节收入分配、缓解社会矛盾、推动经济发展、促进国家长治久安方面具有重要的作用。我们需要进一步完善新型农村合作医疗制度和城镇居民基本医疗保险制度，使民众看得起病、看得好病，使得医疗服务真正做到便民、利民、取信于民；不断完善新型农村社会养老保险和城镇居民社会养老保险制度，使人们“养老不犯愁”；要健全城镇保障性住房制度，使广大百姓住有所居、安居乐业的梦想变成现实。

相关链接

基尼系数

由于各种复杂的原因，目前我国各个群体之间的收入差距不断扩大。国际上通常把基尼系数作为衡量收入差距的重要指标，一般认为，当基尼系数处于0.4～0.5，表示收入差距过大，超过0.5则意味着出现两极分化。根据2013年1月国家统计局公布的数据显示，2003年全国居民收入的基尼系数是0.479，2004年0.473，2005年0.490，2010年0.481，2011年0.477，2012年0.474。对我国这样一个典型的城乡二元经济结构的国家而言，虽然基尼系数并不能全面反映我国居民收入差距，但是我国目前收入差距过大已经是不争的事实。

建构中国特色社会主义正义，应该坚持马克思主义指导、继承中国传统正义观念的优秀成果，正确处理好自然正义与属人正义、个人正义与社会正义、实质正义与形式正义、永恒正义与历史正义、理想正义与现实正义等基本关系；在自由、平等、博爱、秩序、效率这五大价值目标之间进行辩证组合和合理协调；通过体制正义、法律正义和道德正义等途径来全面实现和积极发展社会主义正义，以此推进社会主义政治文明和精神文明建设的不断发展。

现实生活告诉我们，改革开放越深入，我国社会和经济越发展，国民的权利意识就越提高，对公正的渴求也就越强烈。这不仅是进一步发展必然面临的问题，也是坚持社会主义的必然反映。当前，我们正在为实现民族复兴中国梦而奋斗。有人说，如果描述中国梦的图景，公正是不可缺少的底色。只有让公平正义的阳光，照亮每个人的追梦之路，让每个梦想都开花，中国梦才能实现。

我们应该理性地认识到，公平正义的实现是一个过程，维护和促进社会公正不可能一蹴而就。我们有理由相信，只要我们把公正视为弥足珍贵的价值，并为这一价值的实现付出持续不断的努力，我们的社会就会变得更加美好。

第四章

公平正义：中国特色社会主义的内在要求

人类历史上，公正是人们安排社会公共秩序和利益关系的最基本理念，也是千百年来人们一直向往和不断追求的一种理想的社会利益关系状态。社会公正观是社会主义国家重要的价值观，是中国特色社会主义的内在要求。

一、社会主义制度的本质要求

世界社会主义拥有500年左右的发展历史，最初产生于16世纪初的空想社会主义。空想社会主义又称“乌托邦社会主义”，代表了当时人们对未来生活的美好向往，同时又由于缺乏现实力量和科学理论指导没能付诸实践。

（一）对未来社会的美好憧憬——空想社会主义对公正的美好希冀

人类进入资本主义社会后，面对新的资本主义剥削方式，空想社会主义者深感公正的重要性，渴望改变现实状况，开始了与资产阶级斗争的进程。早期无产阶级对资产阶级的认识和斗争还仅仅停留在表面上，认为不公正来源于工厂的出现和机械的使用，因而出现了以破坏工厂、捣毁机器来反抗剥削与压迫的“卢德运动”。恩格斯指出：“不成熟的理论，是同不成熟的资本主义生产状况、不成熟的阶级状况相适应的。解决社会问题的办法还隐藏在不发达的经济关系中，所以只有从头脑中产生出来。”

空想社会主义在对资本主义进行批判和揭露的同时，对未来美好社会进行了精心设想，提出了一系列关于公正的重要思想。

（1）废除私有制和雇佣劳动，消灭阶级和阶级差别。莫尔提出，在未来社会，“每人一无所有，而又每人富裕”，财产共有，社会成员热爱公事。康帕内拉认为，未来社会要实行绝对的公有制，没有阶级的区分、贫富的对立，没有多数人受剥削和压迫的恶习。欧文更是明确指出：私有制、宗教和婚姻形式是阻碍社会改造的三大障碍和祸害，尤其是私有制更是造成丑恶现象的根源。空想社会主义者对私有制带来的弊端和不公正现象进行了深刻的揭露。

相关链接

莫尔（Thomas More，1478—1535），空想社会主义的奠基者，16世纪初英国著名的政治活动家和思想家，其代表作为《乌托邦》。他在社会主义思想史上第一次提出了空想社会主义的基本思想。一方面无情地抨击了当时欧洲各国的基本政治制度和社会制度，控诉了剥夺农民的圈地运动，提出了“羊吃人”的名言；另一方面生动地描述了乌托邦新社会制度。

托马斯·康帕内拉（Tommas Campanella，1568—1639），意大利著名空想社会主义者。著作《太阳城》描述了一个没有私有财产、没有个体家庭、没有剥削和压迫，人们平等劳动，过着幸福生活的空想社会。他猛烈地抨击私有制社会，揭露私有制的罪恶，主张人人在政治上和经济上的平等，社会一切公有，人们能够摆脱自私自利观念的束缚。

（2）改变资本主义分配制度，实行共同劳动，合理分配。在资本主义制度下，劳动者创造的财富由于不合理的经济制度大部分落入资本家的口袋，造成广大无产阶级日渐贫困。莫尔认为，资本主义制度是造成“一面穷困不堪，一面奢华无度”的根源。欧文痛斥资产阶级政府是掠夺、暴虐和欺骗的集合体。针对资本主义分配制度的极度不合理现象，空想社会主义者提出了按劳分配和按需分配的思想。傅立叶提出分配应该按劳动、资本、才能三方面进行，即按劳分配。欧文提出了消灭货币和实行按需分配的思想，还进行了合作工厂的尝试。

相关链接

欧文的社会主义新村

欧文把工人每天的工作时间缩短到了十小时。他还大大改善工厂的安全条件和卫生条件，并为不识字的成年人开办扫盲学习班，进行文明的道德教育。限制工人酗酒，为工人设计和实施了旨在保障生活的保险计划和互助储金会。

欧文为工人和他们的家庭建造了舒适的砖石结构的住宅群。生活区的一幢四层楼，房屋高敞，通风朝阳。每一户都有单独的住宅，但每户都可以走进一个合用的大起居室、阅览室和公用的大厨房。欧文还为每一家配制了当时最新式的照明灯——气灯。

新村小型的工人医院提供免费的医疗服务。在这里，人们有自己的私生活，但必须遵守统一的作息时间。新村里有公共商店，商品价格极其便宜。在欧文的新村里，不愿意自己做饭的人可以在公共食堂里吃饭。在新村的生活区里，幼儿园、学校、住宅楼等都被花园所环绕。附近不远的工厂区，也整洁而井然。

(3) 消灭各种不公正的差别，提高劳动生产地位。针对城乡、阶级、脑力与体力的差别造成的事实上的不平等，康帕内拉提出：未来社会重视生产技术的革新和发明创造，利用新技术减轻劳动强度提高劳动者地位；实现脑力劳动和体力劳动相结合，教育与生产劳动相结合，劳动是光荣和受人尊重的事情。他们提出在未来社会要以自由劳动和团结协作为基础，创设“以诚实和诱人的劳动为基础的正面世界”。

空想社会主义者把社会公平正义作为未来理想社会的重要目标，是早期无产阶级“对社会普遍改造的最初的本能的渴望”，孕育了科学社会主义的萌芽。由于历史和阶级发展的局限，这些思想家关于公正的美好图景大多停留在制度设计层面难以成为现实。

相关链接

圣西门（Saint-Simon，1760—1825），法国19世纪初杰出的思想家。圣西门把他"发明"的新社会制度称作"实业制度"。在这个制度下，有能力的企业家和学者则是"天然领袖"。他强调这种领导不意味着一部分人为自己的利益在政治上压迫另一部分人，而是意味着对物、对生产过程的管理。

傅立叶（Charles Fourier，1772—1837），法国19世纪初的大思想家，著名的空想社会主义者。傅立叶把他理想的未来社会称为"和谐制度"。他一再说明，在那里人与人之间以及个人与集体之间协调无间，没有任何利益上的冲突。人们生活在一个个有组织的生产—消费协作社中，无数的协作社有机地联合起来便组成了整个社会。

罗伯特·欧文（Robert Owen，1771—1858），著名的社会改革家和杰出的思想家。在批判资本主义制度的同时，欧文提出了改造社会的一整套计划。他从人的性格是环境的产物这种观点出发，反复强调改变社会环境的必要性。主张"理性的社会制度"——财产公有，共同幸福，人人都有平等的权利和义务，都有言论和行动自由。这种社会的基本细胞是共产主义公社，每个公社应由500～3 000人组成。公社的全体社员是一个大家庭。公社的领导由社员全体大会选举产生并向大会报告工作。未来社会就是由许多这种公社组成的联盟，这种联盟将普及全欧洲，最后把全世界联合成为一个被共同的利益联系起来的伟大共和国。

（二）社会主义从空想到科学的伟大飞跃——马克思恩格斯对公正的科学诠释

社会主义在空想的原野上艰难跋涉了300多年，终于迎来了曙光。马克思恩格斯通过艰苦的理论和实践探索实现了社会主义由空想到实践的历史性跨越。马克思主义公正观第一次把对社会公正的追求奠定在了科学的基础之上，分析了产生社会不公问题的原因以及解决这一问题的现实路径。

1. 马克思主义公正观创立的历史背景

19 世纪 30—40 年代，随着机器大工业的推进，资本主义得以迅猛发展，而资本主义制度的固有矛盾也日渐暴露并趋于激化，无产阶级的斗争与反抗也随即展开。为适应时代的需要，马克思恩格斯不断深入实践，用科学的理论指导工人运动，与工人运动中的错误思潮进行坚决斗争。他们根据形势的发展和实践的推进，及时进行新的总结，形成新的认识，使得科学社会主义的公正理论日趋完善。

相关链接

无产者在这个革命中失去的只是锁链。他们获得的将是整个世界。全世界无产者，联合起来！

——《共产党宣言》

2. 马克思主义公正观的基本观点

（1）经济公正思想——对公有制的憧憬。

马克思主义经济公正观以社会生产方式和生产资料的公有制为基础，主要包括三个方面，即生产公正、交换公正和分配公正。

第一，生产公正。在生产资料公有制基础上组织生产，满足全体社会成员的需求是社会主义生产的根本目的，也是决定公正的根本基础。马克思恩格斯认为，私有制是造成社会不平等的根本原因，生产公正必须建立在生产资料公有制的基础上。在共产主义社会中，生产力的发展把人从生产中解放出来，建立公有制，人得以自由而全面地发展。

第二，交换公正。马克思明确指出，公正交易是从生产关系中作为自然结果产生出来的。这种经济交易作为当事人的意志行为，作为他们的共同意志的表示，作为可以由国家强加给立约双方的契约，表现在法律形式上，这些法律形式作为单纯的形式，是不能决定这个内容本身的。共产主义社会要求的是人的彻底的全面而自由的发展，实现交换公正可以成为现实。

第三，分配公正。对社会生产进行有计划的指导和调节，实行等量劳动领取等量产品的按劳分配原则。在资本主义社会中，“由各个资本家离开社会需要而支配的生产力调节”既造成了无产阶级受剥削的现实，又导致了经济危机频发。按劳分配为主体，多种分配方式并存的分配制度下，在社会产品的分配过程中，以劳动量的多少来决定分配数量，多劳多得，分配公正在一定程度上得以实现。

（2）社会公正思想——使人成为真正的人。

社会公正主要体现在社会保障和社会成员受教育权利方面。

第一，关于社会保障。资本主义社会中，劳动工人的就业率随着资本的不断积累呈现下降趋势，人民连基本生活都难以保障。即使在资本主义的繁荣阶段，工人阶级的命运也是悲惨的，因为雇佣关系决定了工人阶级只是被剥削的工具。

在共产主义社会中，实现社会保障的最终目的是为了实现共同富裕。社会财富是由劳动人民创造的，社会主义社会坚持取之于民、用之于民。社会保障以后备基金、教育、保健等福利设施以及济贫事业为重要内容。

相关链接

马克思根据社会现实提出了三类需要救济和得到社会保障的相对底层的群体：第一类是指虽有劳动能力却失业的人群，这类人群会随着经济危机的发生而呈增加趋势。第二类人群指无人照顾的孤儿和由于经济困难、生活困苦而需要社会救济的贫困人群的子女们，他们属于产业后备军的后部力量，社会的发展也要靠他们的建设。第三类就是那些可怜的流落街头的流浪汉以及丧失劳动能力的人，比如残疾人、重病患者和寡妇等等。

第二，关于教育公正。资产阶级不仅通过剥削工人阶级的劳动，在智力发展上也没有放过工人阶级——不开发未成年人的智力而是彻底地把他们变成了生产剩余价值的一种机器。马克思认为，儿童不能只是从事于工厂劳作，而是要将劳作与受教育相结合，这样既可以提高社会生产力，而且还可以使人的体力与智力都得到全面而完善的发展。对于技术教育的对象，马克思认为要针对不同年龄段的儿童进行不同程度的教育，不分地区与家庭背景，人人都可以受到教育。

（3）政治公正思想——共产主义的制度探索。

第一，人的尊严和基本权利。马克思曾经明确指出："全部人类历史的第一个前提无疑是有生命的个人的存在。"社会需要赋予每一个个体属于自己的相应的尊严，并确保其真实的存在。"一个人有责任不仅为自己本人，而且为每一个履行自己义务的人要求人权和公民权。没有无义务的权利，也没有无权利的义务。"要实现社会公正，必须改变这种现状，也只有个体的尊严真正得以认可和保护，人类才能实现真正意义上的解放。

第二，对共产主义社会的向往。通过无产阶级专政和社会主义的高度发展，最终实现向消灭阶级、消灭剥削、实现人的全面而自由发展的共产主义过渡。生产高度发展的共产主义社会是消灭阶级和阶层差别、国家消亡的社会。人类社会将是"一个联合体，在那里，每个人的自由发展是一切人的自由发展的条件"。人类完成了从必然王国向自由王国的飞跃。

相关链接

> 一个多世纪以来，马克思主义已经成为这样一种语言：数百万人用它来表达他们对一个更公正的社会的希望。
>
> ——麦克莱伦《马克思传》

马克思主义的公正思想显示出巨大的历史进步意义，以其科学性和历史穿透性确立了社会主义的公正观。

（三）社会主义建设的探索与挫折

19世纪末20世纪初，世界工人运动随着世界资本主义由自由竞争向帝国主义的过渡进入争取民族独立和人民解放的新阶段。1917年十月革命胜利后，苏联开始了人类历史上首次大规模的社会主义建设。如何实现社会公正，也成为苏联当时面临的一个重要的理论和现实问题。

1. 社会主义的积极探索与发现

十月革命胜利后，经济文化相对落后的俄国面对着如何建设社会主义的新课题。1918年，为了集中力量解决财政危机，苏维埃政权提出了具有过渡性质的“战时共产主义”政策。但由于其有失公允，引发社会不满情绪，最终导致了严重的政治危机。1921年3月，俄共（布）十大决定实行新经济政策。新经济政策在实践中取得明显成效，对苏维埃俄国的发展起了重要作用，同时证明了公正的价值之所在。

1924年1月21日，列宁因病去世。面对复杂严峻的国际国内环境，苏共领导人重新审视如何实现社会主义公正问题。斯大林时期经济得到快速发展，但他的强权做法为后来不公正现象的出现埋下了伏笔。赫鲁晓夫执政期间首次在苏联提出了社会主义公正原则。1956年，苏共二十大宣布要恢复法制、公理和正义。在政治上恢复集体领导原则，改组保安机关，健全法制，为20世纪30年代以来造成的大批冤假错案平反昭雪；在经济上扩大企业自主权，改革管理体制，反对平均主义，贯彻按劳分配原则，消除寄生现象。

勃列日涅夫后期，经济上开始滥发奖金，出现了为捞钱而弄虚作假的做法。政治领域某些领导部门出现了无视法律，容忍弄虚作假和贪污受贿、阿谀奉承和任人唯亲等现象。这不仅对苏联的党风和社会风气产生了极为恶劣的影响，也挫伤了人民积极性，工人大量旷工、迟到，社会酗酒成风，劳动纪律松弛，经济增长迟缓，国民经济困难，社会陷入停滞状态。面对现状，安德罗波夫继任总书记后，重新提出社会主义公正原则——社会公正是一个逐步发展的过程，必须和社会生产力水平相适应，现阶段必经严格监督劳动量和消费量，贯彻按劳分配原则，制裁旷工者、懒汉和生产废品者，反对不劳而获并采取强有力的措施。整顿劳动纪律，反对贪污盗窃活动，严惩违法乱纪的贪官污吏，消除腐败，在社会生活各领域确立公正原则。契尔年科承袭了这一原则，提出了社会主义公正原则有三个内容：全体居民平等享受社会福利、坚持按劳付酬原则和法律的公正无私。

戈尔巴乔夫进一步继承和发展了关于社会公正的理论，并使之系统化，形成一个完整的理论体系。他指出，社会公正是社会主义的基本特征和本质要求，是人类的共同愿望。应该针对人的卓有成效的劳动、技能和天才给予最高的评价和给予应有的物质上和精神上的鼓励。他还把改革同公正原则密切联系在一起，提出了加速社会经济技术发展战略和全面改革的方针。

2. 对苏联模式社会主义公正的反思

第一，经济方面。国家工业化和农业集体化的推进，为苏联各方面的建设事业奠定了基础。但在社会生产力发展的具体领域，苏联模式长期漠视现实的社会个体的存在和发展。在这种计划性的安排中，个体的能力被限制在了一个狭小的领域内，出现了平均主义、非劳动收入等不公正现象。这与马克思关于未来社会人的自由全面发展的理论定位产生了直接的、根本性的冲突，同时也极大地打击了社会成员的积极性。

第二，社会方面。教条化的苏联体制最终产生了社会主义公正的对立面——新的官僚特权阶层。权力可以变相地获取社会资源，这是苏联社会主义社会普遍存在的一个与公正相对立的社会弊病。

由于资源和权力的过分集中，同时又缺乏有效的监督和制约，社会资源的使用不可避免地向权力阶层倾斜——苏联共产党的活跃成员利用其他特权（住房、食物、交通工具等）代替金钱，这些特权确保他们能过上舒适生活并拥有特殊地位。最终，苏联模式非但没有超越资本主义契约式的公正，反而产生出了马克思所批判的带有封建人身依附色彩的社会对立面，成为在苏联内部引爆自身的炸弹。

第三，对政治制度的探索。苏联模式虽然意识到了这种制度的隐患，但是却试图摆脱生产力的制约，依靠社会权力建立一种理想性的社会交往规范——高度集中的计划体制。戈尔巴乔夫则直接跌入了西式的公正价值理想主义中，主张社会主义的中心是人，通过民主化和公开性，把人看作目的而不是手段。在社会生产力发展水平还远未达到全面超越资本主义的历史背景下，对人与物的价值关系的误解，对现实生产力和生产关系的无视，所带来的后果只能是社会生产力发展的畸形与人民大众的普遍贫困。

社会主义理论的发展从空想到科学，直至应用于具体的实践中，其经验与教训都告诉我们：社会主义的本真精神集中体现为对公正的追寻，“科学社会主义”不是一个理论标签，而是现实的社会运动，只有在改革与发展中才能凸显出社会主义公正观的现代价值。

二、中国共产党人的一贯主张

自 20 世纪 50 年代以来，科学社会主义实现了从一国到多国的历史性飞跃，社会主义的发展从此进入了新的历史阶段。中国共产党人创造性地将社会主义理论与中国的具体国情相结合，探索出了一条适合中国国情的社会主义道路。实现社会公平正义是中国共产党人的一贯主张和奋斗目标。社会主义公正观是中国特色社会主义理论体系的重要组成部分。

（一）毛泽东关于社会主义革命与建设的公正思想

以毛泽东为代表的中国共产党人把马克思主义基本原理同中国实际情况相结合创立了毛泽东思想，实现了马克思主义中国化的第一次历史性飞跃。毛泽东历来高度关注公平问题，在中国革命和建设的过程中，他始终致力于促进社会公平。

近代中国的社会现状是毛泽东公平思想形成的社会基石，而中国传统的公平思想是毛泽东公平思想形成的重要借鉴，马克思恩格斯的公平思想是毛泽东公平思想形成的理论基础。毛泽东对社会主义政治、经济、文化、社会基本制度的设计和实践，无不包含着对公平正义的追求。

1. 均衡发展、资料共享的经济思想

第一，主张生产资料和社会产品公平享有，谋求经济公平。经济公平是社会公平的基础和核心，而在阶级社会中，私有制是导致社会不公平的根源。新中国成立后，毛泽东非常重视变革生产资料关系，通过对农业、手工业和资本主义工商业进行社会主义改造，建立起了生产资料的公有制，实现了生产资料所有制的重大变革。由私有制转变为社会主义公有制，实现了人民群众经济利益在起点上的公平，使每一个社会主义劳动者都成为生产资料的主人。

秉承均衡发展的原则，实现地区和产业间的公平发展。无论是革命战争时期还是社会主义建设时期，毛泽东一直都非常重视各产业之间和地区之间的均衡发展问题，主张调整农业和工业这两大产业之间均衡发展的问题，力图通过调整国家的工业布局来促进地区之间的均衡发展。

相关链接

1953 年，以苏联援建的 156 项工程为中心的“一五”计划在中国展开。苏联方面考虑工业基础、相关设施等原因打算把这些援建项目集中在我国东北和沿海的大中城市。但毛泽东考虑把 156 项工程全部集中在东北和沿海城市不利于我国工业的均衡布局和国家建设的全面开展。经过多次讨论协商最终决定 106 项民用工业企业中的 21 项和 44 项国防工业企业的 21 项建在西部地区。

2. 平等教育、全面发展的文化思想

第一，重视文化教育，给广大人民群众公平接受教育的机会。毛泽东始终站在广大劳动人民群众的根本立场上，要求消除人与人之间在性别、地位、身份上的差异，使人民享有受教育机会。他强调首先让工农大众享有教育的优先权，建立服务于战争、结合生产、适应群众需要的新的教育制度，开创中国特色的教育公平理念。抗日战争时期，毛泽东再次发出了发展文化教育的号召：为提高解放区人民大众，特别是广大的工人、农民、士兵、群众的觉悟程度和培养大批工作干部，必须发展解放区的文化教育事业。毛泽东提出了新民主主义的文化纲领，即民族的、科学的、大众的文化。

第二，教育以培养德、智、体全面发展的人为目标。毛泽东坚持又红又专的教育培养标准，不仅认为德育对树立正确人生方向具有引导作用，也重视智育工作的开展。在延安，他提出了文化教育是整个教育计划中最重要、最根本的部分之一，要求干部要有知识、有能力，有真才实干，而不能空有名头。1957 年，毛泽东根据我国社会主义革命和建设的需要，在《关于正确处理人民内部矛盾的问题》一文中明确提出，我国的教育方针，应该使受教育者在德育、智育、体育几方面都得到发展，成为有社会主义觉悟的有文化的劳动者。

第三，反对和警惕带有特权色彩的文化教育。毛泽东指出："一定的文化是一定社会的政治和经济在观念形态上的反映。"中国共产党在政治经济上代表人民大众的物质和政治利益，在文化上也必然为广大人民服务，反对封建专制压迫的特权文化。在处理建国初期干部子弟学校的问题上，毛泽东要求同一待遇，不得再分等级，并废除这种贵族学校，与工农兵学校合二为一。

3. 保障民生、促进就业的社会思想

第一，注重社会保障事业。毛泽东深刻认识到社会保障对提高民生、促进社会公平和维护社会稳定的重大作用。1922 年 5 月，在《更宜注意的问题》一文中，毛泽东提出了生存权和劳动权，涉及老人和无业工人的社会保障问题。据世界银行的调查数据显示：毛泽东时期我国的医疗卫生事业发展迅速，医疗保障方面的投入远远高于其他发展中国家。

第二，统筹兼顾，实现人民公平就业。在充分理解就业对于国家和个人的重要性的基础上，毛泽东提倡统筹兼顾，实现人民全面就业和公平就业，努力保证每个社会成员都有活干、有饭吃。1949 年 5 月，人民解放军解放上海，针对如何在新中国成立后解决上海的就业问题，毛泽东提出了统筹兼顾的原则。

4. 新中国政治公正的雏形

政治公正是指人们公平地享有各项政治权利，人人都有权参与国家事务的管理，是经济公正和社会公正的重要保证。

第一，建立人民民主专政的新型国家制度。人民民主专政是我国的国体，是在人民内部实行最广泛的民主和对敌人实行有效的专政的国家制度。人民民主专政的本质是人民当家作主，为我国的制度设计打下了公正的底色。

第二，建立一切权利属于人民的新型政权组织形式。新中国成立时，《中国人民政治协商会议共同纲领》规定了我国的政体是人民代表大会制度，人民可以通过各级人民代表大会参与国家事务的管理，从而保证人民从国家中获得公平的政治权利，真正做到一切权力属于人民，有利于促进政治公平的实现。

第三，民主合作式的新型政党关系。毛泽东评价说："共产党的这个同党外人士实行民主合作的原则，是固定不移的，是永远不变的。"抗日战争和解放战争时期，中国共产党曾多次与各民主党派建立合作关系，保持统一战线。建国后他多次强调要继续巩固与各民主党派的人民民主统一战线，充分调动它们的积极性共同为社会主义建设服务。

第四，民族平等、团结、民族区域自治的民族政策。毛泽东极为重视民族平等问题。1938年，他在《论新阶段抗日民族战争与抗日民族统一战线发展的新阶段》一文中指出，在共同对日原则之下，各民族有自己管理自己事务之权。1952年8月，民族区域自治制度在我国正式建立起来。实行民族区域自治制度保证了各少数民族人民根据本民族的实际情况、自身的文化和传统来管理本民族的各项事务。

毛泽东思想形成于争取民族独立的战争年代和计划经济的建设时期，因而他的公平思想具有鲜明的时代特色，主要表现在：以人民利益作为公平的衡量标准；理性而公平地对待资本主义；兼顾到了公平与效率。但是受社会历史条件的限制，也出现了轻法治而重德治的偏向。

（二）邓小平关于社会主义建设与发展的公正思想

在改革开放新的历史时期，邓小平继承发展了毛泽东的公正思想，提出社会主义要在解放生产力、发展生产力，消灭剥削、消除两极分化的基础上，最终实现共同富裕，把实现社会公平正义纳入社会主义本质要求之中。

20世纪70年代以后，国际形势发生了深刻变化——从美苏争霸到世界多极化。邓小平以伟大战略家的深邃眼光洞察时局，指出世界大战短期内打不起来，争取一个较长时期的和平环境是可能的，我们必须抓住这个机遇。经济方面，在新科技革命的推动下，发达资本主义国家与中国周边一些国家和地区普遍出现了一个经济较快发展的时期。让中国领导人和有识之士产生了强烈的危机感和巨大的发展压力。1978 年关于真理标准问题的大争论，打破了“两个凡是”的禁锢，人民思想得到了极大解放。中共十一届三中全会的召开鸣响了改革开放的礼炮，中国迎来了发展的春天。邓小平《解放思想，实事求是，团结一致向前看》的讲话成为开创中国特色社会主义社会公正历史新时期的宣言书。他主要从政治、经济和社会三方面揭示中国特色社会主义的公正性质。

1. 中国特色的政治公正思想

政治是经济的集中表现。在社会主义制度下，社会成员在经济、文化等社会生活领域的平等权利，最集中地表现在政治权利的平等上。

第一，社会制度的公正合理设计。邓小平始终坚持人民民主专政，坚持人民代表大会制度，坚决反对“全盘西化”和西方的“三权分立”。他认为，只有社会主义，才有凝聚力，集中力量办大事，逐步实现共同富裕。邓小平反复强调，公民在法律和制度面前人人平等，党员在党章和党纪面前人人平等。人人有依法规定的平等权利和义务，集中体现了人人权利平等的公正思想。

第二，反腐倡廉建设。反对腐败残余是政治公正在社会主义现代化建设中的价值诉求，是政治公正的必然要求，关系到我们党和国家的生死存亡。中共十一届三中全会以后，邓小平一直非常关注党风廉政建设和反腐败斗争，随着改革开放过程中经济犯罪案件的增加，邓小平认识到了腐败问题对经济、政治、社会的严重危害，提出要扎扎实实地长期致力于反腐工作。他强调指出，我们要反对腐败，搞廉洁政治。不是搞一天两天、一月两月，整个改革开放过程中都要反对腐败。

2. 以公有制为基础的经济公正

邓小平认为，社会主义的经济是以公有制为基础的，生产是为了最大限度地满足人民的物质、文化需要，而不是为了剥削。经济上的公正主要是以生产资料的公正为基础，表现为：坚持按劳分配和规范收入分配；效率优先，兼顾公平；防止两极分化，实现共同富裕。

第一，坚持按劳分配和规范收入分配。改革开放之前，中国实行的计划经济体制不能有效调动人民的生产积极性。邓小平反对平均主义，打破“大锅饭”的机制，强调坚持按劳分配原则。他指出：我们一定要坚持按劳分配的社会主义原则。根据这个原则，评定职工工资级别时，主要以劳动好坏、技术高低、贡献大小为参考。同时，公平分配并非意味着分配结果的绝对均等。

第二，效率优先，兼顾公平。此原则是邓小平总结新中国成立以来经济建设中平均主义的经验教训并依据我国社会主义国情提出的。在1978年召开的党的十一届三中全会上，邓小平明确提出：“为国家创造财富多，个人的收入就应该多一些，集体福利就应该搞得好一些。不讲多劳多得，不重视物质利益，对少数先进分子可以，对广大群众不行，一段时间可以，长期不行。”党的十四大报告强调，在分配制度上，以按劳分配为主体，其他分配方式为补充，兼顾效率与公平。党的十五大报告进一步明确指出，坚持效率优先、兼顾公平，有利于优化资源配置，促进经济发展，保持社会稳定。效率优先、兼顾公平不仅是邓小平一贯倡导的分配原则，也是党领导全国人民促进社会全面发展的指导思想和重要原则，为社会主义建设奠定了重要的基调。

第三，防止两极分化，实现共同富裕。共同富裕是社会主义的本质特征，是社会主义的根本目标，也是邓小平社会公正观的核心内容。他认为，社会主义与资本主义的不同的特点就是共同富裕，不搞两极分化。如果产生两极分化，改革就算失败了。1992年年初，邓小平在南方谈话中对社会主义本质做出了科学概括——解放生产力，发展生产力，消灭剥削，消除两极分化，最终达到共同富裕。

相关链接

> 社会主义最大的优越性就是共同富裕，这是体现社会主义本质的一个东西。如果搞两极分化，情况就不同了，民族矛盾、区域间矛盾、阶级矛盾都会发展，相应地中央和地方的矛盾也会发展，就可能出乱子。
>
> ——邓小平

3. 民族平等、独立自主的社会公正思想

在对待民族问题上，邓小平在1987年会见时任美国总统卡特时明确指出："中国没有民族歧视。我们的政策是真正立足于民族平等。"在祖国统一问题上，邓小平强调：台湾回归祖国，完成统一大业，是全中国人民包括台湾广大骨肉同胞在内的共同愿望。我国政府公布的对台湾回归祖国的大政方针，充分考虑了台湾当局和台湾人民的处境、利益和前途，是完全公平合理的。20世纪80年代，为解决台湾问题，邓小平创造性地提出了"一国两制"的方针。

随着改革开放的深入进行，在对待国际问题上，邓小平继续奉行独立自主的外交政策，反对霸权主义，维护世界和平。他要求在国际事务中，一切从中国人民、世界人民的根本利益出发，按照是否有利于维护世界和平、发展各国友好关系、促进世界经济繁荣的标准，独立自主地作出判断，确定自己的立场和政策。

邓小平对"什么是社会主义"，尤其是对"什么是中国特色社会主义"的认识更为深刻，提升了发展效率在社会公平战略中的重要地位。对"解放生产力，发展生产力，消灭剥削，消除两极分化，最终达到共同富裕"进行了科学阐述。

（三）以"三个代表"重要思想为核心的公正观

进入20世纪80年代，世界多极化格局和经济全球化趋势深入

发展，科技革命突飞猛进，深刻改变了整个世界的面貌。特别是 20 世纪 80 年代末 90 年代初，国内政治风波、东欧剧变和苏联解体接踵而至，西方国家对我国制裁，党和国家面临极其严峻的形势。中国特色社会主义巨轮，穿越疾风暴雨，乘风破浪继续前进。1993 年，中共十四届三中全会对建立社会主义市场经济体制做出了总体规划和全面部署，打开了我国经济、政治和文化发展的崭新局面。

以江泽民同志为主要代表的中国共产党人坚持始终代表“中国先进生产力的发展要求”和“中国先进文化的前进方向”，为实现社会公平正义奠定了更为坚实的物质基础，提供了更为强大的精神支撑。“始终代表中国最广大人民的根本利益”是社会主义公平正义的集中表现和重要标志。在新的历史条件下不断加强党的建设，巩固党的地位；坚持党的基本路线，以加快社会主义现代化建设为主线，体现出对公正问题的解决态度。

1. 以分配公正促进经济发展

以“三个代表”重要思想为核心的公正思想，坚持把分配制度作为切入点，提出分配公正和发展相统一的原则，形成了关于公正有机统一的思想体系。江泽民同志指出：“社会主义应当创造比资本主义更高的生产力，也应当实现资本主义难以达到的社会公正。从根本上说，高效率、社会公正和共同富裕是社会主义制度本质决定的。”始终以体现社会主义的本质和代表最广大人民群众的根本利益为基本理念，以发展公正为分配公正的根本，以分配公正为发展公正的手段，把发展公正和分配公正辩证统一于建设社会主义市场经济和实现中华民族的伟大复兴的历史使命之中。

分配公正的根本是以保护、鼓励诚实劳动的合法收入为基础，正确处理一次分配和二次分配的关系，初次分配注重效率，再次分配注重公平。在以经济发展为根本的基础上，要继续允许和鼓励先富，又要以共富为目标，通过提倡先富帮后富，保护高收入者的合法权益，提高低收入者收入水平，扩大中等收入者比重。

分配公正是建立在经济发展的基础上的，必须以发展公正为根本保证。其一，就中央财政和地方财政的关系来看，随着经济的增长，适当增加地方财政是必要的，但从整个国家来看，财力也不能过于分散。加快经济社会的发展，必须充分发挥中央和地方两个积极性。其二，整个国民经济体系是一个统一的整体，各地必须树立全局观念，从全国经济协调发展的战略高度，着眼于地区优势的相互结合与补充，把东、中、西部各地区的积极性都调动起来，以形成地区之间互惠互利的经济循环新格局。其三，各类市场主体应该扬长避短，优势互补，公平竞争，共同为中国特色社会主义发展作贡献。

2. 加强党建促进政治公正

“三个代表”重要思想对如何处理好关系我党生死存亡的建设问题进行了精辟论述。首先，要保持党的先进性。不仅在思想上坚持马克思主义为指导，更要求在实践中把握时代脉搏，推动社会进步。其次，党和人民群众的利益是根本一致的。江泽民同志指出：“全心全意为人民服务，密切联系群众，是我们党区别于其他任何政党的一个重要标志。”最后，加快依法治国的进程。逐步完善保证社会主义市场经济条件下的公正的法律制度，为实现公正提供法制保障，实现司法公正。在党的十五届二中全会上，江泽民同志提出：依法治国，要贯彻两个原则：一是必须坚持党的领导和社会主义方向，二是必须保证广大人民群众充分行使民主权利。坚持党的领导和坚持依法治国的落脚点都是实现人民的意志和利益。以最广大人民群众的最高利益和中国特色社会主义建设为公正观的根本目的，为公正思想确立了基本理念和检验标准，体现了当代马克思主义公正观的人民性、崇高性和党性原则。

3. 探索建立国际关系新秩序

维护世界和平是促进共同发展的必要前提，促进共同发展又是维护世界和平的重要保证。中国越来越以负责任的大国身份参与构建公正的国际政治经济新秩序，致力于更好地解决和平与发展这两大战略性问题。

江泽民同志在党的十六大报告中论证了对国际新秩序的构想："各国政治上应相互尊重，共同协商，而不应把自己的意志强加于人；经济上应相互促进，共同发展，而不应造成贫富悬殊；文化上应相互借鉴，共同繁荣，而不应排斥其他民族的文化；安全上应相互信任，共同维护，树立互信、互利、平等和协作的新安全观，通过对话和合作解决争端，而不应诉诸武力或以武力相威胁。"中国正在以负责任的大国形象参与国际事务，努力构建国际关系新秩序。

（四）新时代的公正观

党的十六大以后，中国成功举办北京奥运会和残奥会、上海世博会，夺取了抗击汶川特大地震等严重自然灾害和灾害恢复重建重大胜利，妥善处理一系列重大突发事件。在稳步推进国内改革的同时，中国与世界的联系更加密切，特别是面对国际金融危机带来的严重冲击，在全球率先实现经济平稳回升。随着中国的快速发展，其在国际事务中的代表权和话语权显著增强，"中国奇迹"受到国际社会的高度关注，中国特色社会主义的国际影响越来越大。

以人为本、让全体人民共享发展成果的价值的理念，成为贯穿这一时期社会公正的核心追求，坚持权利公平、机会公平、规则公平、分配公平为其主要内容，以社会生产力的充分发展作为社会公正的物质基础，把制度建设作为实现社会公正的制度保障。创造性地将公平的形式与内容、条件与结果有机统一起来，深刻揭示了社会主义条件下实现社会公正的本质要求和现实道路。

1. 保障民主权利，建设法治国家

一个和谐的社会必然是公平正义的社会。胡锦涛同志指出："公平正义，就是社会各方面的利益关系得到妥善协调，人民内部矛盾和其他社会矛盾得到正确处理，社会公平和正义得到切实维护和

实现。”

第一，保障人民民主权利。让广大人民群众在政治层面享有民主是胡锦涛公平正义思想的基本内容之一。胡锦涛同志在中共十六届四中全会的讲话中指出，要保证人民在政治层面上享有民主地位，就必须推进社会主义民主政治制度化、规范化、程序化，坚持和完善人民代表大会制度，尊重和保障人权，保证人民依法享有广泛的权利和自由。

第二，加快建设社会主义法治国家。胡锦涛同志在党的十七大报告中指出，要保证人民民主的政治地位，就全面落实依法治国的基本方略。“加强宪法和法律实施，坚持公民在法律面前一律平等，维护社会公平正义，维护社会主义法制的统一、尊严、权威。……尊重和保障人权，依法保证全体社会成员平等参与、平等发展的权利。”通过法律的形式真正将人民的权利落到实处。

2. 缩小差距，共享成果

让社会成员在经济领域享受公平是胡锦涛公平正义思想的重要组成部分，进一步深化收入调节、利益分配的经济问题改革。胡锦涛同志将规范收入分配、解决“三农”问题、缩小城乡差距作为重点。

让人民群众在经济领域享受分配公平，是实现公平正义的基本要求，也是胡锦涛公平正义思想基本内容的核心。党的十七大报告明确指出：“逐步提高居民收入在国民收入分配中的比重，提高劳动报酬在初次分配中的比重。”要保证广大人民群众在经济领域享受公平，就必须深化收入分配制度的改革。为此他还提出，要着力提高低收入者收入，逐步提高扶贫标准和最低工资标准，建立企业职工工资正常增长机制和支付保障机制。保护合法收入，调节过高收入，取缔非法收入。扩大转移支付，强化税收调节，打破经营垄断，创造机会公平，整顿分配秩序，逐步扭转收入分配差距扩大趋势。

党中央一直高度重视“三农”问题，并将其作为全党的重中之重。2005 年 10 月，党的十六届五中全会作出建设社会主义新农村的重大决策，先后出台了一系列强农惠农富农政策。2006 年 1 月 1 日起正式取消了农业税，为各行业均衡发展创造更大的空间。

为实现区域协调发展，在继续推进西部大开发战略的同时，提出并实施振兴东北等老工业基地、促进中部地区崛起、鼓励东部地区率先发展等战略，形成东西部互动、优势互补、相互促进、共同进步的新格局。2008 年以来，中部、西部和东北地区经济增长连续 4 年高于全国平均水平，地区空间布局日趋协调均衡。

3. 小康生活，共享和谐

2004 年，中国共产党人提出构建社会主义和谐社会的重大任务，大力推进以保障和改善民生为重点的社会建设，在教育、就业、收入分配、社会保障、医疗卫生等方面推出了一系列重大举措，尽量做到机会公正以维护社会的公平正义。

共享和谐是让广大人民群众能够在社会生活中共同享受到建设和谐社会进程中的一切发展成果，这是胡锦涛公正思想基本内容的中心点。胡锦涛同志在党的十七大报告中强调："社会建设与人民幸福安康息息相关。必须在经济发展的基础上，更加注重社会建设，着力保障和改善民生，推进社会体制改革，扩大公共服务，完善社会管理，促进社会公平正义，努力使全体人民学有所教、劳有所得、病有所医、老有所养、住有所居，推动建设和谐社会。"只有坚持让全体人民在社会生活中享有和谐，社会的公平正义才能得以实现，社会主义社会的优越性才能得以体现。

从党的十六大到党的十八大，以胡锦涛同志为总书记的党中央，团结带领全国各族人民，在坚持和发展中国特色社会主义的实践中，创立了科学发展观。对新形势下实现什么样的发展、怎样发展等重大问题做出了新的科学回答，把对中国特色社会主义公正的认识提高到一个新水平，开拓了当代中国特色社会主义发展的新境界。

（五）中国特色社会主义公正观的新深化

党的十八届三中全会吹响了全面深化改革的号角，把促进社会公平正义、增进人民福祉作为全面深化改革的出发点和落脚点，进一步明确了中国特色社会主义公平正义的深刻内涵，为更好地促进社会公平正义提供了理论指引。

1. 寻求经济的稳定发展

综观国际国内形势，我国发展仍处于可以大有作为的重要战略机遇期。科技革命孕育新突破、全球合作向多层次全方位拓展、新兴市场国家和发展中国家整体实力增强。同时世界经济进入深度转型调整期，不稳定不确定因素增多。新世纪以来我国进入了现代化发展的新阶段，也面临着发展的诸多新挑战。

"坚持和发展中国特色社会主义是一篇大文章"。党的十八大以来，习近平总书记多次强调要坚持这一科学方法论，并明确概括为"坚持底线思维"、"稳中求进"协调各方发展切实做好经济工作。在2014年6月6日中央全面深化改革领导小组开启的专项议题中，习近平总书记强调改革要坚持从具体问题抓起，把有利于稳增长、调结构、防风险、惠民生的改革举措往前排。他还分别对财税体制、户籍制度和司法体制这三大领域的改革要求进行了阐述，为真正实现社会主义的公正价值观做出指导。

2. 司法公正是维护社会公正的重要防线

最高人民法院院长周强在题为《坚持公正廉洁司法　促进社会公平正义》的讲话中指出，促进社会公平正义是政法工作的核心价值追求。从一定意义上说，公平正义是政法工作的生命线，司法机关是维护社会公平正义的最后一道防线。政法战线要肩扛公正天平、手持正义之剑，以实际行动维护社会公平正义，让人民群众切实感受到公平正义就在身边。要重点解决好损害群众权益的突出问题，决不允许对群众的报警求助置之不理，决不允许让普通群众打不起官司，决不允许滥用权力侵犯群众合法权益，决不允许执法犯法造成冤假错案。

习近平总书记强调，应把促进社会公平正义作为核心价值追求，坚持严格执法、公正司法，积极深化改革，加强和改进政法工作，维护人民群众切身利益，为实现“两个一百年”奋斗目标、实现中华民族伟大复兴的中国梦提供有力保障。

相关链接

“两个一百年”是党的十八大会议中提出的一项奋斗目标，和“中国梦”相辅相成，是我们国家、我们党未来发展、奋斗的目标。

第一个一百年——到中国共产党成立100年时全面建成小康社会的目标一定能实现；第二个一百年——到新中国成立100年时中华民族伟大复兴的梦想一定能实现。

3. 对社会不公正现象的零容忍

在文化建设方面，提炼出了社会主义核心价值观的内容，将公正纳入其中，体现党和国家一贯提倡的思想理念，科学地回答了建设什么样的社会的理论性和实践性问题。针对恐怖主义、腐败现象，对群众深恶痛绝的事，对违规违纪行为，以及安全事故等必须采取零容忍态度。

在建设中国特色社会主义道路决定性阶段，习近平总书记鲜明地回答了举什么旗、走什么路、以什么样的精神状态、朝着什么样的目标前进的问题，继承和发扬着社会主义公正观。

实现社会公平正义，是中国共产党人不懈追求的奋斗目标。社会主义公正的思想和理念，既随着时间推移和时代变迁而不断发展变化，又有其自身的连续性和稳定性。在领导中国社会主义实践进程中，以马克思主义为指导的中国共产党进行了不懈的探索，一脉相承，不断深化对社会公正的认识，不断促进和维护社会公平正义。

三、中国特色社会主义凝聚力的重要旗帜

全国各族人民携手沿着中国特色社会主义道路共同努力实现中华复兴梦，而公平正义就是描绘中国梦的图景中重要的底色。当今社会，党和政府促进公正的努力有目共睹，但很多公正问题也凸显出来了。公正涉及国家、社会、个人多维度的问题，成为当今社会的诸多矛盾的集合点。

（一）不同领域的不公正现象

1. 宏观制度设计的倾斜

第一，区域差距明显。改革开放的过程中，东部凭借沿海的地理位置、基础设施优势和政策支持得到了快速的发展，而中西部仍然在农业经济中徘徊，形成了东、中、西部的明显分层。2011 年，东、中、西部地区城镇人均可支配收入分别为 29 226.04 元、19 868.19 元和 19 868.03 元，东部地区与西部地区的绝对差值达到 9 358.01 元，接近西部地区总收入的 1/2。经济的发展对民生建设有直接的影响，中国不同地区的群众的幸福感有着明显的差距。

第二，城乡间距离拉大，我国的城乡差距从 20 世纪 80 年代开始就呈现不断扩大的趋势，农村与城市不同的发展模式使得差距越来越大，“城里人”逐渐有了优越感。近年来随着城乡差距的扩大（见表 4—1），大量的农村闲置人口进城务工，不仅为城市的发展提供了劳动力，也伴生出“留守儿童”、“空巢老人”、空置耕地等问题。户籍政策限制了人口的有效流动，导致农民工等流动人口“徘徊”在城市边缘，却享受不到应有的平等待遇，加重了城乡间矛盾。

表 4—1　　　　　　**1994—2011 年城乡居民收入差距变动情况**

年份	农村居民人均收入（元）	城镇居民人均可支配收入（元）	比例
1994	1 221.0	2 275.2	2.86∶1
1997	2 909.1	3 070.2	2.47∶1
1998	2 160.0	3 265.0	2.51∶1
1999	2 210.1	3 644.2	2.65∶1
2003	2 622.0	5 850.0	3.23∶1
2004	2 936.0	6 486.0	3.21∶1
2005	3 255.0	7 238.0	3.22∶1
2006	3 587.0	8 172.0	3.28∶1
2007	4 140.0	9 646.0	3.33∶1
2008	4 761.0	11 020.0	3.31∶1
2009	5 153.0	12 022.0	3.33∶1
2010	5 919.0	13 190.4	3.21∶1
2011	6 977.3	14 832.5	3.13∶1

资料来源：中华人民共和国国家统计局：《中国统计年鉴 2012》，北京，中国统计出版社，2012。

第三，行业间分化剧烈。20 世纪 90 年代以来社会转型的不断深入，高新技术产业异军突起，我国产业结构的快速调整同样导致行业间冷热分化明显加剧，国家垄断行业的收入引起了广泛的关注，不同产业及产业细分行业之间的职工工资水平差距也呈现出扩大趋势，成为居民收入差距扩大的又一典型表现。但是某些行业间的收入与为社会发展的贡献不成正比，反映在固有社会资源和权力的占有问题上，引起了社会低收入群体的强烈不满。

2. 民生问题中的不公正现象

造成社会存在不公正的现象，有政策不完善的原因，也与民生领域的改革不到位相关。

（1）教育资源的分配问题。

目前“有学上”的问题已得到了较好解决，“上好学”成为社会普遍关注的问题。教育公正发展集中表现为优质教育资源区域间的分配问题：城乡教育资源配置失衡；弱势群体的受教育权保障不力，与人们的期待还有差距。“中国十大城市生育成本排行”中北京以276万元高居榜首，十大城市的平均生育成本高达188.1万元。城市为优质教育资源担忧的同时，农村地区依然为上不起学而苦恼。虽然近几年各大高校在自主招生环节向农村孩子倾斜，但是名牌大学中农村学生占比不断下降，很多“农村娃”连九年义务教育也不能达标。中国一些低收入家庭在试图通过教育改变命运的过程中却出现“因教致贫”的现象，为了获得教育机会个体付出相当大的代价。

教育公平是社会公平的基础，是关系着每个人发展的重要环节。就对个人的意义而言，教育公平是社会公平、经济公平与政治公平的起点和基础。经济合作与发展组织（OECD）所做的PISA研究（一项国际性的学生学业成绩比较研究）表明，一些国家和地区的学校教育系统可以有效地缩小家庭社会经济地位的差距。作为个体希望在相对平等、流动的环境中扩大上升空间，而优质的教育资源是有限的并且获取的途径也非对所有人开放，造成了客观上的不平衡。起点不平等直接造成就业和经济收入的不平等，从而进一步恶化不同阶层发展的不平衡状态，导致社会差距进一步拉大，社会公平难以实现。

（2）就业困难问题突出。

就业是民生之本，居民只有实现充分的就业，才能促进社会的发展从而推进社会公平。在社会稳步前进的同时就业领域也存在着有失公允的现象。

第一，大学生就业压力大。当今世界的竞争越来越多地体现在人才的竞争上，为提高国家的综合国力中国大学掀起了扩招的热潮。大学毕业生逐年增多与社会结构性需求之间存在较大的失衡，直接导致待业大军日渐庞大。就业市场的严峻态势使得用人单位制造种种就业歧视和“霸王条款”。就业领域中的不公正在一定程度上打击了毕业生就业、择业，甚至是学习的自信心，让求职之路变得更加艰难。

第二，“农民工”转型难。农村进城务工人员是中国社会发展过程中作用巨大而又身份特殊的群体。他们为城市建设作出贡献却难以在社会身份、经济地位、文化习俗等方面获得公正的对待，没有被现有的社会制度所容纳，上亿的人口就像是城市的过客。农民工的就业处境是极不对等的：其一，劳动报酬低廉。近些年来还出现拖欠、克扣农民工工资的恶性现象。其二，农民工的权益保障不健全，出现失业、工伤等问题维权困难。与此同时，该群体庞大的人口基数又将其问题扩大化。

（3）社会保障领域公正缺位。

社会保障主要是指国家和社会在通过立法对国民收入进行分配和再分配，对社会成员特别是生活有特殊困难的人们的基本生活权利给予保障的社会安全制度，主要体现在医疗保险和养老保险方面。

个人的生存依托于社会的保障，加大资源供给以充分满足个体需求，维护生存权始终是政府的一项重要职能。我国目前公共服务均等化正在扎实推进，已经建成世界上最大规模的基本医疗保障网、最大规模的养老保障网。但就当前的资源供给看，仍存在供给失衡现象，而这种失衡直接影响到了供给不足地区居民的基本生存权，损害了社会公正。

第一，当前医疗卫生资源分布不平衡的问题。这种分布不均衡，主要体现在不同地区间和城乡间。具体表现为东、中、西部地区医疗资源配置失衡（见表4—2）；大多数优质医疗卫生资源集中分布于城市，特别是分布于经济相对发达的大城市（比如北京、上海、广州等）。表现为看不起病与看病难的问题。很多患者就医难，好的医院“一号难求”。

表4—2　　2010年东、中、西部各级甲等医院数比较　　单位：所

地区	三级甲等	二级甲等	一级甲等
东部	368	1 487	1 032
中部	264	1 147	819
西部	181	968	518

资料来源：中华人民共和国卫生部：《中国卫生统计年鉴2011》，北京，中国协和医科大学出版社，2011。

随着我国经济社会不断发展，整体生活水平的提高延长了人口平均寿命，再加上人口总数的一定量增长，使得我国整体医疗费用大幅度地增长。我国当前医疗领域中的不公正现象，除了医疗资源在空间上配置失衡以外，一个根本性的问题是医疗支出还存在很大的缺口。政府医疗卫生支出占GDP比重较低，个人支出占很大的比重，势必对个人和家庭带来很大的压力。

其中，在医疗卫生事业商业化的改革中，患者处在利益链条的低端，正当权益有时会受到侵犯，医患纠纷也随之增多，与社会和谐发展相违背的现象时有发生。

第二，我国的社会养老保险制度，经历了从无到有、从城镇到农村、从职工到农民的发展过程，人人享有养老保险成为现实。但是目前我国的养老保障发展是不均衡的，存在着城乡、区域和行业的制度性分割问题，其养老待遇水平、政府投入等差异较大。随着公民权利意识的增强，群众更加关注养老保险的公正性问题。

2013年全国“两会”提出的延迟退休年龄、双轨制并轨等构想，在养老机制的改革中如何公正地汇集大多数人的利益成为民众关注的焦点。当“银发浪潮”来袭，在应对老龄化过程中如何兼顾公平，体现社会的人文关怀成为更多人关注的焦点。

相关链接

养老金“双轨制”是指不同用工性质的人员采取不同的退休养老金制度。养老金“双轨制”是计划经济时代向市场经济转型期的特殊产物，随着改革开放的不断深入，“双轨制”的弊端越来越明显。2012年3月，这一制度在全国“两会”上引起代表委员们的关注和热议，对当前的养老体制进行改革、取消养老金“双轨制”的呼声高涨。2013年12月，人力资源和社会保障部确定养老金双轨制并轨方案。

从2011年开始，中国的社会保障体系将加快从“制度覆盖”向

"人群覆盖"转变的步伐，并在未来五年实现对城乡居民的全覆盖。这是一项庞大的民生工程，更是一项艰巨的历史任务。按照这一目标，每一个城乡居民都将沐浴社会保障的雨露阳光，共享改革发展的成果。

(二) 公正为何如此受关注

1. 公正与个人息息相关

社会主义市场经济体制改革是一个深刻的利益协调和变革过程，在改革中各种利益群体的关系趋于复杂多变，个人的价值取向越来越趋于理性化，社会成员的整体思想也趋于进步。有鉴于此，人们不仅仅追求物质生活的丰富，而且还迫切希望建立更加公正的发展平台。

对个人而言，公平正义是心理底线。这一底线一旦被突破，人们对社会就会丧失信心，甚至会引发一些社会极端行为。

2. 公正是社会稳定的保障

社会不公正的实质在于社会成员不能平等地享受权利和承担义务。

社会主义公有制条件下存在社会不公正的主要根源，依然是政治地位和社会地位的不平等，并集中体现为物质财富分配的不公正。比如有的人靠钻空子、走后门一夜暴富，有的人靠"萝卜招聘"捧上"好饭碗"，有的人靠"拼爹"获得"火箭式提拔"。潜规则问题随时可能激起沉默的大多数的不满和反抗，影响社会的正常运行。这些问题的存在直接威胁到社会的稳定发展，如不及时加以解决，则容易引起不同社会群体间的紧张关系，使整个社会逐步走向隔离、分裂和对抗，甚至可能陷入混乱和动荡状态。

3. 公正是社会主义国家的必然追求

中国特色的社会主义事业以最广大人民群众根本利益的实现、社会公正水平的提升为追求。因此努力促进社会公正是社会主义伟大事业的必要之举。在中国社会主义建设过程中，总设计师邓小平提出了“先富论”——让一部分人和一部分地区先富起来，最终达到共同富裕。在该政策实施完善的过程中，收入分配制度问题受到了极大的质疑。

根据中国社会科学院社会学研究所“当代中国社会结构变迁研究”课题组的一项全国抽样调查数据，目前大多数人认为，权力、职业和行业是导致当前中国社会不公平现象的主要因素，大约6/10的人选择“因权力造成的不公平”作为当前中国社会最主要的3种不公平现象之一，人们对政府官员以权谋私、贪污腐败和各种寻租行为极为不满。公正的底线守不住，改革开放所取得的成果就会被否定，党和政府的公信力会被质疑，最终会削弱党的执政基础，危及党的执政地位。

（三）公正的召唤与实现

在现实的社会生活中，建立公有制并不意味着能够立刻消除全部社会不公正。社会主义公正是一个具体的、相对的概念。这不仅涉及人们对公有制的理解，更涉及社会公正这个基本价值落到实处的经济、政治、文化条件。只有以高度发达的经济为基础，社会才能具备相应的社会经济资源，才能为社会公正的实现提供必要的支撑构架。

一个公正结果的达成，不仅需要以合理规则为基础，也需要良好执行过程，不管哪个环节出现问题，都会导致不公正后果。反思一些社会不公现象，我们常发现公正规则的异化。社会主义国家决不能漠视社会不公正问题，必须在现有条件下力所能及地消除社会不公正。只有针对现实中突出的不公正问题采取真正有效的措施，社会公正才可以逐步完善。

党的十八大报告明确指出，当前我国仍处于并将长期处于社会主义初级阶段。在此阶段，社会主义建设仍在不断探索、完善之中，切实维护和促进社会公正任重而道远。

第五章

切实维护和实现社会公平正义

人类社会对公平正义的思考和追求从未停止，作为一个发展着的历史范畴，在不同的社会制度下，公平正义的标准不同。在阶级社会，不同阶级由于阶级利益的差别，对公平正义的理解也不一样，但有一点毋庸置疑——公平正义不会是自然而然实现的，它是一个与经济社会发展阶段相联系、不断向前推进的历史过程。

一、发展：实现社会公平正义的基础

改革开放 30 多年来，我们创造了发展的"中国奇迹"。但我国仍处于并将长期处于社会主义初级阶段。发展，对于全面建成小康社会、加快推进社会主义现代化，仍然具有决定性意义。发展是当代中国的主题，是解决中国一切问题的"总钥匙"。

（一）发展为维护促进社会公平正义提供了物质基础

1. 公平正义的问题是发展的问题

一个拥有 13 亿人口的发展中大国，发展仍然是解决所有问题的关键。虽然，我们取得的伟大成就有目共睹，国家面貌和人民生活都发生了意义深远的重大变化，但我国仍处于并将长期处于社会主义初级阶段的基本国情没有变，人民日益增长的物质文化需要同落后的社会生产之间的矛盾这一社会主要矛盾没有变，我国是世界最大发展中国家的国际地位没有变。改革开放 30 多年来，我国始终铭记社会主义的本质要求，坚持发展是硬道理的战略思想，不断夯实实现中国梦的物质文化基础。

延伸阅读

1984 年 6 月，邓小平在《建设有中国特色的社会主义》一文中说："什么叫社会主义，什么叫马克思主义？我们过去对这个问题的认识不是完全清醒的。马克思主义最注重发展生产力。我们讲社会主义是共产主义的初级阶段，共产主义的高级阶段要实行各尽所能、按需分配，这就要求社会生产力高度发展，社会物质财富极大丰富。所以社会主义阶段的最根本任务就是发展生产力，社会主义的优越性归根到底要体现在它的生产力比资本主义发展得更快一些、更高一些，并且在发展生产力的基础上不断改善人民的物质文化生活。如果说我们建国以后有缺点，那就是对发展生产力有某种忽略。社会主义要消灭贫穷。贫穷不是社会主义，更不是共产主义。”社会主义的本质，就是解放生产力，发展生产力，消灭剥削，消除两极分化，最终达到共同富裕。

当前，我国在公平方面出现的各种问题，从根本上说是发展中的问题。公平问题的核心是经济利益的分配问题，经济利益就好比是一块蛋糕，蛋糕做大了，才有可能使更多的人分到更多的蛋糕，才能实现社会发展成果全民共享的公平意愿。高度发达的生产力，以及它所带来的极其丰富的社会财富，是现代社会实现真正公平必不可少的前提条件和物质基础。没有经济发展的保障，看似很美好的平均主义只能导致人民群众的普遍贫穷，我们已经用历史的代价领悟到了“贫穷不是社会主义”的道理。对于发展不够的问题，只能依靠发展社会生产力，积累相应的社会经济资源，才能为社会公平的实现提供必需的支持或支撑。只有积累财富，才能解决社会保障问题，才能解决教育优质资源配置问题，才能解决农村公共服务严重滞后的问题，等等。

国家的昌盛，人民的富裕，生活的公平，说到底是经济实力问题。只有加快经济发展，才能不断提高我国的经济实力和综合国力，实现全面建设小康社会的宏伟目标，完成社会主义现代化建设“三步走”的战略任务；才能不断满足人民群众日益增长的物质文化需要，提高人民群众的生活水平，朝着共同富裕的方向不断前进；才能更好地解决经济社会生活中的各种矛盾和问题，增强战胜各种困难、应对各种挑战和抵御各种风险的能力。因此，要牢牢抓住经济建设这个中心，聚精会神搞建设、一心一意谋发展，不断解放和发展社会生产力，为维护和促进社会公正奠定坚实的物质基础。

2. 发展推进公平正义之路

近年来，伴随着我国经济的快速发展，以及 GDP 的增长，中国社会对公平有了更多的关注。同时，为维护和实现公正逐步建立起了以权利公平、机会公平、规则公平为主要内容的社会公平保障体系。

相关链接

国家统计局数据显示，2013 年中国 GDP 为 568 845 亿元，按可比价格计算，比上年增长 7.7%，比上年增加近 50 000 亿元，这一增量相当于 1994 年全年经济总量。其中，第一产业增加值为 56 957 亿元，比上年同期增长 4.0%；第二产业增加值为 269 684 亿元，比上年同期增长 7.8%；第三产业增加值为 262 204 亿元，比上年同期增长 8.3%。

自 2005 年起，国家扶贫开发工作的重点，是免除农村义务教育阶段贫困家庭学生的书本费、杂费，并补助寄宿生生活费。2006 年，国家进一步优化惠农政策，对教育、医疗卫生、就业、社会保障等方面的投入不断增加；最低工资标准、个人所得税起征点的大幅度提升、合作医疗制度的重要进展、公务员工资的规范与离退休人员待遇的提高，以及对农民的减负与补贴等。

从 2006 年春季开学起，全部免除西部地区农村义务教育阶段学生学杂费；自 2006 年 9 月 1 日起施行的新义务教育法，将不收学费杂费作为一条重要原则予以确立。2007 年，进一步深化收入分配改革，增加城乡居民尤其是中低收入者的收入，合理调整和严格执行最低工资制度，关心和帮助解决低收入家庭住房问题，在全国农村全部实行免收学杂费的义务教育，大幅增加高中等教育的奖学金与助学金拨款，增加对社会保险制度改革的财政投入，全面推进农村医疗卫生，启动城镇居民医疗保障试点，逐步在全国范围内建立农村最低生活保障，等等。

2008年，中央财政对民生方面的支出大幅增长，其中教育支出增长45.1%，医疗卫生支出增长25.2%，社会保障支出增长24.2%，廉租住房建设的支出增长33.3%。促进教育公平取得新进展，全面实行城乡免费义务教育，对所有农村义务教育阶段学生免费提供教科书，国家助学制度进一步完善，医药卫生改革稳步推进，参加新型农村合作医疗的人口达8.14亿，参合率达91.5%，城镇居民基本医疗保险参保人数增至1.17亿。

2012年，针对广大群众看不起病，尤其是因为大病致贫、返贫的现象比较突出的实际情况，我国出台了城乡居民大病保险报销不低于50%的规定，是我国建立医保制度以来的一项重大突破。2013年2月，国务院批转了国家发展和改革委员会、财政部、人力资源和社会保障部指定的《关于深化收入分配制度改革的若干意见》，对社会关注的热点难点问题进行了回应。

这些举措充分证明了发展是推进公正的重要基础，只有具备较高的经济发展水平和雄厚的物质基础，社会主义制度注重公平的优越性才会得到充分的体现。

▶ 相关链接

经济体制改革的浪潮首先从农村掀起，其主要内容是实行家庭联产承包制。1978年年末，小岗村18户农民冒着坐牢的危险在大包干协议上摁下了手印。1978年以前的小岗村，是全县有名的“吃粮靠返销、用钱靠救济、生产靠贷款”的“三靠村”，每年秋收后几乎家家外出讨饭。1978年冬，小岗村18位农民以“托孤”的方式，冒险在土地承包责任书上摁下鲜红手印，实施了“大包干”。这一“摁”竟成了中国农村改革的第一份宣言，它改变了中国农村发展史，开创了中国改革开放史。此后这项改革在邓小平等领导人的支持下，迅速扩展到全国农村，推动了中国农村各项事业的蓬勃发展。

（二）发展应该是又好又快的发展

我国近30多年来，虽然创造了平均GDP增长速度高达9.6%的神话，但传统经济增长方式仍存在着一些问题。目前对中国传统经济增长方式批评最多的有两方面：一是传统经济增长方式收入分配差距过大；二是传统经济增长方式导致对地球稀缺资源的消耗过大。对这些发展不尽科学的问题，要坚持科学发展观，继续深化改革，注重经济发展方式的改变，不仅要做大蛋糕，还要做好蛋糕。

2011年3月发布的“十二五”规划纲要中，提出了转变方式开创科学发展新局面的基本要求——坚持把经济结构战略性调整作为加快转变经济发展方式的主攻方向，坚持把科技进步和创新作为加快转变经济发展方式的重要支撑，坚持把保障和改善民生作为加快转变经济发展方式的根本出发点和落脚点，坚持把建设资源节约型、环境友好型社会作为加快转变经济发展方式的重要着力点，坚持把改革开放作为加快转变经济发展方式的强大动力。具体看来，可做如下三方面的解读：

1. 科学发展观强调第一要义是发展，是又好又快发展

这是贯彻落实科学发展观、实现全面建成小康社会宏伟目标的必然要求，是调动各方面积极性、发挥各类生产要素潜力的有效途径，是紧紧抓住发展机遇、实现综合国力整体跃升的必由之路。又好又快发展是有机统一的整体。“好”与“快”互为条件，既相互促进又相互制约，不能把二者割裂开来和对立起来。又好又快，要求快以好为前提。忽视增长的质量和效益，不惜浪费资源和破坏环境，片面追求一时的高速度，势必会造成大起大落，不能实现真正的发

展。只有坚持好字优先，在好的前提下，才能实现长期持续地快速增长。同时，快也是好的必要条件。较快增长本身就是较好发展的重要基础。只有保持较快的增长，才能抓住机遇，不断增强经济实力，使经济增长的潜力充分发挥出来，更好地解决发展中存在的矛盾和问题。要正确理解和把握好与快的辩证关系，促进国民经济又好又快发展。

延伸阅读

从"又快又好"到"又好又快"

2006年中央经济工作会议关于经济工作的总体要求发生了一个"细微"的变化，那就是，从过去一直强调国民经济要"又快又好"发展变成了强调国民经济要"又好又快"发展。

过去的"又快又好"偏重强调经济增长速度。虽然，其中包含着"兼顾"提高经济增长质量的理念，但是，在实践中，总是由于速度和规模似乎更加重要，而忽视了经济发展的质量。这包括，经济增长的环境代价、经济繁荣背后日积月累的社会矛盾、经济增长的技术知识支撑能力建设、经济结构调整和经济增长方式转变、经济增长中的结构优化问题等。

在经济总量达到一定高度、自主性高速经济增长机制已经形成的条件下，经济增长方式粗放、资源与环境压力增大、城乡与区域发展不协调、社会事业发展滞后等问题日益突出，经济发展的"质量"成为我国国民经济进一步发展需要解决的主要矛盾。

2. 实现又好又快发展，必须加快转变经济发展方式

这是关系国民经济全局的紧迫而重大的战略任务，是提高我国经济国际竞争力和抗风险能力的根本举措，是实现全面建成小康社会奋斗目标的重要保证。由转变经济增长方式到转变经济发展方式，虽然只是两个字的改变，但有着十分深刻的内涵。增长并不等于发展。转变经济发展方式，除了涵盖转变经济增长方式的全部内容外，还对经济发展的理念、目的、战略和途径等提出了新的更高要求。我国正处于改革发展的关键阶段，也是工业化、现代化的重要时期。能不能适应国际环境的新变化，适应我国发展的新要求，在转变经济发展方式上取得重大突破，关系到我们能不能牢牢把握发展的主动权、能不能在较长时期内继续保持经济平稳较快发展。要深刻认识转变经济发展方式的重大意义，大力推动经济增长由粗放型向集约型转变、由片面追求经济增长向全面协调可持续发展转变，不断赢得发展新优势、开创发展新局面。

3. 加快转变经济发展方式，就必须坚持走中国特色新型工业化道路

促进经济增长由主要依靠投资、出口拉动向依靠消费、投资、出口协调拉动转变，由主要依靠第二产业带动向依靠第一、第二、第三产业协同带动转变，由主要依靠增加物质资源消耗和人口红利向主要依靠科技进步、劳动者素质提高、管理创新转变，推动产业结构优化升级，增强发展的协调性和可持续性。提高自主创新能力，建设创新型国家，这是国家发展战略的核心，是提高综合国力的关键，是实现又好又快发展的重要途径。

必须坚持走中国特色自主创新道路，坚持把增强自主创新能力作为调整产业结构和转变发展方式的中心环节，大力推进原始创新、集成创新和引进消化吸收再创新，着力突破制约经济社会发展的关键技术。必须按照自主创新、重点跨越、支撑发展、引领未来的要求，加快建设国家创新体系。加快建立以企业为主体、市场为导向、产学研相结合的技术创新体系。大力实施人才强国战略，加快培育创新型科技人才。

必须坚持走中国特色农业现代化道路，建立以工促农、以城带乡长效机制，形成城乡经济社会发展一体化新格局。加强农业基础地位，推进现代化农业建设，按照生产发展、生活宽裕、乡风文明、村容整洁、管理民主的总要求，扎实推进社会主义新农村建设。必须坚持走中国特色城镇化道路，坚持大中小城市和小城镇协调发展的方针，按照统筹城乡、布局合理、节约土地、功能完善、以大带小的原则，积极稳妥地推进城镇化。

必须坚定不移地扩大国内需求特别是消费需求，努力调整投资和消费的关系，把扩大国内需求和合理利用国外需求很好地结合起来，不断增强内需特别是消费需求对经济增长的拉动作用，促进经济平稳较快增长。

实现又好又快发展，要进一步完善社会主义市场经济体制。改革开放以来，我们已经初步建立了社会主义市场经济体制，但经济体制改革的任务依然繁重，实现科学发展仍面临诸多体制障碍。要深化对社会主义市场经济规律的认识，从制度上更好地发挥市场在资源配置中的基础性作用，使社会主义市场经济焕发出更加蓬勃的生机活力。坚持和完善公有制为主体、多种所有制经济共同发展的基本经济制度，毫不动摇地巩固和发展公有制经济，毫不动摇地鼓励、支持、引导非公有制经济发展，坚持平等保护物权，形成各种所有制经济平等竞争、相互促进的新格局。切实加强和改善宏观调控，综合运用财政、货币政策，发挥国家发展规划、计划、产业政策在宏观调控中的导向作用，提高宏观调控的科学性、预见性、有效性，形成有利于科学发展的宏观调控体系。

经济学家认为，东亚许多国家，近几十年来飞速发展，由低收入国家步入了中等收入国家之列，但随之而来的很可能就是“中等收入陷阱”。世界银行在《东亚经济发展报告（2006）》中提出的“中等收入陷阱”（middle income trap）概念，其基本含义是指：鲜有中等收入的经济体成功地跻身为高收入国家，这些国家往往陷入了经济增长的停滞期，既无法在工资方面与低收入国家竞争，又无法在尖端技术研制方面与富裕国家竞争。

相关链接

"中等收入陷阱"

所谓的"中等收入陷阱"，是指当一个国家的人均收入达到中等水平后，由于不能顺利实现经济发展方式的转变，导致经济增长动力不足，最终出现经济停滞的一种状态。按照世界银行的标准，2012 年我国人均 GDP 达到 6 100 美元，已经进入中等收入偏上国家的行列。当今世界，绝大多数国家是发展中国家，存在所谓的"中等收入陷阱"问题。像巴西、阿根廷、墨西哥、智利、马来西亚等，在 20 世纪 70 年代均进入了中等收入国家行列，但直到 2007 年，这些国家仍然挣扎在人均 GDP3 000～5 000 美元的发展阶段，并且见不到增长的动力和希望。

一个经济体从中等收入向高收入迈进的过程中，既不能重复又难以摆脱以往由低收入进入中等收入的发展模式，很容易出现经济增长的停滞和徘徊，人均国民收入难以突破 1 万美元。进入这个时期，经济快速发展积累的矛盾集中爆发，原有的增长机制和发展模式无法有效应对由此形成的系统性风险，经济增长容易出现大幅波动或陷入停滞。大部分国家长期在中等收入阶段徘徊，迟迟不能进入高收入国家行列。

"中等收入陷阱"发生的原因主要就是低端制造业转型失败。低端制造业可以带来中等收入，但是伴随而来的是污染、低质、低价等恶性循环。低端制造改高端制造，要靠高科技解决，而高科技不是几十年就能追赶上的。

二、制度：维护社会公平正义的保障

从 2003 年启动新型农村合作医疗，到 2007 年启动城镇居民医疗保险，再到 2008 年在全国推开，短短 5 年时间，我国社会城乡居民医疗保障制度从无到有、从局部到整体，完成了全覆盖。这项制度改革，使城乡居民享受到了平等的医疗保障，是促进公平正义的一个重要实例。

（一）制度：社会公平正义的推进器

公平正义，从美好理念转化为实践，需要制度的有力保障。既要改革不合时宜的制度，也要把实践中成功的做法制度化，还要探索建立适应未来发展需求的新制度。党的十八大提出，要加紧建设对社会公平正义具有重大作用的制度，逐步建立以权利公平、机会公平、规则公平为主要内容的社会公平保障体系。

1. 制度是推进公平正义的主要力量

第一，制度推进权利公平。在我国，不论民族、性别、职业、财富等，每个人都一律平等地享有基本权利。应加大法制建设力度，完善法律制度体系，保障公民合法的政治权利和经济文化社会等方面的权利，建立健全公民享有和行使权利的体制机制，保障人民当家作主。重点完善公共财政制度、义务教育和职业教育制度、基本医疗卫生制度、收入分配制度、社会保障制度等，促进基本公共服务均等化，使不同地区、不同人群都能享受平等“待遇”。完善权利维护和保障机制，着力解决征地拆迁、环境污染、工资拖欠等群众权益受损的突出问题，确保权利公平的实现。

第二，制度推进机会公平。在现实生活中，每个人都有自己的理想追求，都渴望平等拥有拼搏奋斗、展现自己的机会。应强化政策保障，破除制度樊篱，取消不合理的准入限制，使尽可能多的人有打拼的舞台。2013 年 5 月，国务院出台政策规定，大学生就业不得设置毕业院校、年龄、户籍等限制要求。同时搭建更多平台，疏通上升渠道，让人们的创造活力迸发出来，使大家共同享有人生出彩的机会，共同享有梦想成真的机会。

相关链接

> 用人单位招用人员、职业中介机构从事职业中介活动，不得对求职者设置性别、民族等条件，招聘高校毕业生，不得以毕业院校、年龄、户籍等作为限制性要求。规范签约行为，任何高校不得将毕业证书发放与高校毕业生签约挂钩。加大人力资源市场监管力度，严厉打击招聘过程中的欺诈行为，及时纠正性别歧视和其他各类就业歧视现象。
>
> ——《国务院办公厅关于做好2013年全国普通高等学校毕业生就业工作的通知》

第三，制度推进规则公平。任何一个社会都需要有一套规则来保证运行，而公平正义则是这套规则的灵魂。一方面，通过科学合理的制度安排，确保规则公正严明、不偏不倚。另一方面，全社会都应多关怀和扶持，避免“无机会群体”出现。严格按照规则办事，坚决抵制潜规则。比如，我国公务员“逢进必考”的规则，堵上了过去那种凭条子、找关系的门路，“国考”成为人们普遍认可的、体现公平竞争原则的人才选拔方式。数据显示，近三年来，中央和国家机关新录用公务员九成来自非公务员普通家庭。

2. 制度是公平正义的根本保证

社会公平正义是社会和谐的基本条件，制度是公平正义的根本保证。必须加紧建设对保障社会公平正义具有重大作用的制度，保障人民在政治、经济、文化和社会等方面的权利和利益，引导公民依法行使权利、履行义务。因此，要加强制度建设，用制度来保障社会公平和正义。

第一，完善民主权利的保障制度，巩固人民当家作主的政治地位。我国是社会主义国家，人民是国家的主人，民主权利是公民基本权利的重要组成部分。我们必须在坚持和完善人民代表大会制度、中国共产党领导下的多党合作和民主协商制度、民族区域自治制度这些基本政治制度的前提下，从各个层次扩大公民有序的政治参与，健全民主程序，丰富民主形式，实现社会主义民主政治的制度化、规范化、程序化，保障人民享有广泛的民主权利。尤其要注意扩大基层民主，完善厂务公开、村务公开等办事公开制度，完善基层民主管理制度，发挥社会自治功能，保证人民依法直接行使民主权利。

第二，完善法律制度，夯实社会和谐的法治基础。加强法制建设，是实现公平正义的基本保障。要坚持公民在法律面前人人平等，尊重和保障人权，依法保证公民的权利和自由。坚持科学立法、民主立法，从全体人民的利益出发制定法律，防止立法“部门利益化”。必须加紧构建与社会主义市场经济相适应的法律法规体系，切实维护市场主体的平等地位，规范市场主体的经济行为，保障市场主体的公平竞争。要完善和发展有关民主政治、保障公民权利、推进社会事业、规范社会组织、加强社会管理等方面的法律法规。全面推进依法行政，严格按照法定权限和程序行使权力、履行职责，加强对权力运行的制约和监督。

第三，完善司法体制机制，加强社会和谐的司法保障。要以司法公正为目标，从人民群众反映最突出的、制约司法公正的关键环节着手，推进司法体制和工作机制的改革，建设公正、高效、权威的社会主义司法制度。加强司法的民主建设，健全公开审判、人民陪审员、人民监督员等制度，发挥律师、公证、和解、调解、仲裁的积极作用。加强司法救助，对贫困群众减免诉讼费。完善执行工作机制，加强和改进执行工作。维护司法廉洁，严肃追究徇私枉法、失职渎职等行为的法律责任。充分发挥司法维护公平正义的职能作用，是实现社会公平正义的法治保障。

第四，完善公共财政制度，逐步实现基本公共服务均等化。公共财政的基本职能是提供公共产品和公共服务，满足社会公共需要。要调整财政收支结构，加大财政在教育、卫生、文化、就业再就业服务、社会保障、生态环境、公共基础设施、社会治安等方面的投入。逐步增加国家财政投资规模，不断增强公共产品和公共服务的供给能力，调节收入分配，缓解社会矛盾。同时要健全公共财政体制，使财力与事权相匹配。完善中央和地方共享税的分成办法，加大财政转移支付的力度，促进转移支付的规范化、法制化，完善财政奖励补助政策，增强基层政府提供公共服务的能力，保障各级政权建设的需要。

第五，完善收入分配制度，规范收入分配秩序。坚持按劳分配为主体、多种分配方式并存的分配制度，加强对收入分配的宏观调节，在经济发展的基础上，更加注重社会公平。着力提高低收入者收入水平，逐步扩大中等收入者比重，有效调节过高收入，坚决取缔非法收入。完善劳动、资本、技术、管理等生产要素按贡献参与分配的制度，健全公务员工资制度，改革事业单位收入分配制度，加强对企业工资分配的调控和指导。实行综合与分类相结合的个人所得税制度，加强征管和调节。努力缓解和遏制地区之间、社会成员之间收入差距扩大的趋势，促进共同富裕。

延伸阅读

免费师范生教育

教育是民生之基，教育公平是社会公平的起点。让生活在阳光下的每一个孩子都有机会享受高质量的教育，关乎社会公平，关乎和谐社会的建设，关乎民族的未来。近年来，我们坚持教育资源重点向农村、边缘、民族、贫困地区倾斜，教育公平取得明显进步。其中，师范生免费教育工作就是落实教育权利公平的重要举措。2007 年，国务院决定在教育部直属的六所师范大学实行师范生免费教育，其目的就是为中西部地区、农村地区培养造就大批中小学优秀教师。免费师范生入学前与学校和生源所在地省级教育行政部门签订协议，毕业后须从事中小学教育十年以上。免费师范毕业生一般回生源所在省份中小学任教，在协议规定服务期内，可在学校间流动或从事教育管理工作。

第六，完善社会保障制度，保障群众基本生活。社会保障制度是实现公平正义、构建和谐社会的“安全阀”。要逐步建立社会保险、社会救助、社会福利、慈善事业相衔接的覆盖城乡居民的社会保障体系。要完善企业职工基本养老保险制度，加快机关事业单位养老保险制度改革，加快建立适应农民工特点的社会保障制度，逐步建立农村最低生活保障制度和养老保险制度。完善城镇职工基本医疗保险，加快推进新型农村合作医疗。

与此同时，制度抑制特权现象，使公平正义成为可能。哪里有特权，哪里就有不公。在我国，任何组织和个人都没有超越宪法和法律的特权，所有公职人员都不得谋求法律和政策规定之外的任何私利和特权。但在现实生活中，一些干部搞特殊、耍特权，比如违规占有多套住房，违规占有公家车辆，以各种形式侵占公共利益、群众利益，明里暗里为子女亲属升官发财奔走，群众对此意见很大——如果干什么事都要靠关系、搞门道，有背景的就能得到更多照顾，没有背景的再有本事也无法出头，势必严重影响社会公平正义。应采取得力措施，坚决反对和克服特权思想、特权现象。进一步完善权力制约监督机制，把权力关进制度的笼子里，保证权力依法运行，最大限度地防止公权私用变特权。

（二）法律：制度保障公平正义的抓手

“公平正义是每个法律人的信仰。”这是北京市房山区人民法院法官厉莉的座右铭。在审理一起保险赔偿案的过程中，她勇敢挑战显失公平的行业规则，不仅使原告赢得了诉讼，更使中国保险行业协会修改了相关条款。她用自己的坚定与执着、果敢与担当，展现了法治在维护公平正义中的力量。

人们常说，司法是维护公平正义的最后一道防线。但这些年来，司法不公现象时有发生，引发人们的持续关注。“同案不同判，同罪不同罚”、“前门进后门出”的减刑假释等问题，一桩桩、一件件都在拷问着司法的公正性。如果守不住这道防线，就会纵容和放大社会不公，阻断老百姓维护权益的“正道”，造成严重的社会问题。只有以良好的法律为抓手，政府机关、社会组织以及全体公民都严格依法办事，才能在各自追求自己正当利益时，不妨碍其他人的合法权益，进而实现公平正义。

相关链接

2004年3月14日，十届全国人大二次会议通过了《中华人民共和国宪法修正案》，把“国家尊重和保障人权”写入宪法，作为宪法第二章“公民的基本权利和义务”中第三十三条的第三款。2007年，党的十七大将“尊重和保障人权”写入了《中国共产党章程》。“人权入宪”后的几年间，我国坚持以人为本、立法为民的原则，相继颁布了《中华人民共和国物权法》、《中华人民共和国劳动合同法》、《中华人民共和国就业促进法》、《中华人民共和国劳动争议调解仲裁法》等重要法律，加大了对公民基本人权的保护，基本建立起了以宪法为核心的保障人权的法律体系。

1. 法律至上，规范行为

在法治国家里，法律是国王，而非国王是法律。法治首先意味着法律的权威、地位高于一切，是神圣不可侵犯的。无论什么人都没有凌驾于宪法和法律之上的特权，都服从于法律；如果谁违反了法律，就要受到法律的追究。法律至上实际上是要实现规则治理，努力做到凡事“皆有法式”，凡事“一断于法”，将明确稳定的规则作为规矩来规范国家和公民的行为。

2. 良法治理，事半功倍

古希腊哲学家亚里士多德说过，“法治应当包含两重意义：已成立的法律获得普遍的服从，而大家所服从的法律又应该本身是制定得良好的法律”。法治是“良法”之治。只有良法才能最大限度地得到民众的认同，才会使民众信仰它、亲近它、爱护它、捍卫它，推行法治才有“群众基础”。而“良法”也因其自身所具有的特性，使得在推行时事半而功倍。

相关链接

汉代许慎《说文解字》说：“灋，刑也。平之如水，故从水；廌所以触不直者去之，从去。”灋由三部分组成：氵、廌、去。氵，平坦之如水，一说喻示法像水一样平，是为公平、公正；一说将人犯置于水面凛去。廌（音 zhì），神兽。《后汉书·舆服志》说：“獬豸神羊，能别曲直。”在这里，廌为图腾动物，一角之圣兽，代表正直、正义、公正，或说是正义之神（性直恶曲），具有审判功能、职能，能为人分清是非曲直、对错，助狱为验。去，“人相违也”。去即对不公正行为的惩罚。一说判决把人驱逐出去，从原来的部落、氏族中驱逐出去，于水上凛去（古代之流刑），或交由神明判决，由神兽“触不直者去之。”

古人把这种生性正直、专触不直者的神明裁判者——廌纳入法的范畴，显然赋予了法正直而无偏颇的价值内涵。

3. 法治社会，保障权利

法治的重要价值在于实现民主、保障公民权利。如果有法律法规侵犯到公民的自由或权利，就应当做出相应的修改或废除。法律规定了每个公民拥有一些神圣不可侵犯的权利，划定了属于个人的神圣不可侵犯的领域；法律也规定了每个人在行使自己权利的同时，决不能侵犯其他人的合法权利，否则就应受到相应的制裁；法律规定了国家权力机关在行使权力的时候，决不能侵犯公民的合法权利。构建法治社会的目的是为了实现人们的福祉，因而法治也必然要以保护人权作为其重要内容。

延伸阅读

> 2011 年 3 月 10 日，时任全国人大常委会委员长吴邦国在北京人民大会堂宣布，中国特色社会主义法律体系已经形成，国家经济建设、政治建设、文化建设、社会建设以及生态文明建设的各个方面实现有法可依。从无法可依到法律部门齐全，从经历挫折、倒退到加快立法步伐……新中国成立几十年来，经过几代人的不懈努力，中国特色社会主义法律体系一步一步得以构建。

4. 司法公正，行之有效

“徒法不能以自行”，法律的生命在于它的执行，只有司法公正，才能树立法律的权威，才能确保国家的政治安定和社会稳定；只有司法公正，才能维护法律的尊严，才能保证社会主义市场经济健康、有序发展。司法公正要求司法机关在执法活动中必须坚持以事实为根据，以法律为准绳，严格贯彻有法必依、执法必严、违法必究，做到严肃执法、秉公办案，实现法律所追求的社会公平正义。

5. 法治政府，公开透明

公开透明才能公道公正，暗箱操作则会问题丛生。2009 年 12 月，最高人民法院发布《关于司法公开的六项规定》，要求公开立案、庭审、执行、听证、文书、审务等方面内容，有力促进了司法在阳光下运行。今后我国将继续加大司法公开力度，完善公开审判和公开执行制度，推广庭审电视网络直播、网上晒判决书等做法，完善新闻发言人制度和人民陪审员制度，让司法公正成为人们看得见、摸得着、感受得到的东西。

科学规范的体制和制度，是阻止金钱、权力、人情干扰司法公正的隔离墙。近年来，我国司法体制改革不断深化，推出一系列措施，向着“公正高效权威”的目标迈进。

我们应该理性地认识到，公平正义的实现是一个过程。尽管现实生活中还存在一些影响社会公平正义的问题，但这是一个国家在发展过程中难免会遇到的困难。我们周围潜移默化的变化在告诉我们，从政府到社会公众，大家都在关注这些问题，并且也都在努力想办法尽快解决好这些问题。从医疗卫生到教育，从住房到养老，很多相关政策措施已经制定并颁布实施。我们有理由相信，只要大家能够把公平正义视为一种追求，并为这一追求的实现持之以恒地付出努力，我们的社会必定会更加公平正义。

三、建立社会公平的保障体系

在现阶段，维护和实现社会公正，关键是要逐步建立以权利公平、机会公平、规则公平为主要内容的社会公平保障体系。以改善民生为重点的社会公平保障体系，内容丰富，涵盖面广。其基本要求是：积极解决好教育、就业、收入分配、社会保障、医疗卫生和社会管理等直接关系人民群众根本利益和现实利益的问题，努力使全体人民学有所教、劳有所得、病有所医、老有所养、住有所居，进而推动和谐社会的建设。

（一）实现公平：社会公平保障体系的方向

1. 推进教育发展，促进教育公平

首先，要坚持教育公益性质。教育是关系社会公共利益，对全体国民、对国家和民族现在和未来具有重大影响的公共事业，政府负有义不容辞的重要责任。必须加大财政对教育的投入，规范教育收费，健全公共财政投入和保障机制，为全体国民提供接受良好教育的机会和条件。要扶持贫困地区、民族地区教育，健全学生资助制度，保障经济困难家庭子女、进城务工人员子女平等接受义务教育。鼓励和规范社会力量兴办教育。其次，要推进教育改革创新。关键是要更新教育观念，改进人才培养模式，深化教学内容和方式、

考试招生制度、质量评价制度等改革，减轻中小学生课业负担，特别要推进教育教学与生产劳动和社会实践的紧密结合，使学生得到主动的、生动活泼的发展，注重培养学生的独立思考能力、创造能力和就业能力及创业能力。

2. 规范就业体制，促进公平就业

首先，规范和协调劳动关系。要依法规范企业行为，认真实施工时、休息休假、最低工资、女职工和未成年工劳动保护等方面的标准，继续完善和落实对农民工的政策。国家为解决农民工问题已制定了平等就业、工资支付、劳动保护、社会保障、子女上学等政策，都应认真加以落实。其次，推进就业体制改革创新。要培育和完善统一开放、竞争有序的人力资源市场，形成城乡劳动者平等就业的制度，健全覆盖城乡的就业服务体系。要完善面向所有困难群众的就业援助制度，及时帮助零就业家庭解决就业困难。积极做好高校毕业生就业工作，鼓励和引导大学生面向农村、面向基层就业。

相关链接

七大举措，推进招生考试改革

2014年上半年，国家发布总体方案及高考改革等各领域的改革实施意见。改革将采取七大举措。

1. 建立健全义务教育免试就近入学的制度。实现形式，包括小学初中对口直升；合理划分学区，学生在学区内直接进入初中；有条件的地区新建校实行九年一贯制办学等，综合有效治理一些大城市择校过热问题。

2. 推进高中阶段招生考试制度改革。

3. 建立健全高中学业水平考试和综合素质评价制度。

4. 建立健全适合高等职业教育特点的“文化素质＋职业技能”考试招生制度。

5. 改革统一高考，建立普通本科综合评价、多元录取机制。

6. 建立有利于创新型人才和高层次应用型人才选拔的研究生考试招生制度。

7. 扩大社会成员接受多样化教育的机会。

3. 改革分配制度，促进分配公平

第一，坚持和完善按劳分配为主体、多种分配方式并存的分配制度，进一步健全劳动资本、技术、管理等生产要素按贡献参与分配的制度。这是与社会主义初级阶段基本经济制度相适应的分配制度，目的在于让一切劳动、知识、技术、管理和资本的活力竞相迸发，让一切创造财富的源泉充分涌流，以造福人民。在这里，合理兼顾效率和公平，是一个重要的理论和实际问题。人们往往关注初次分配解决效率问题，再分配解决公平问题，实际上目前许多分配不公问题产生于初次分配领域。党的十七大报告强调初次分配和再分配都要处理好效率和公平的关系，再分配要更加注重公平，这是对我国收入分配制度内涵的丰富和完善，具有很强的现实针对性。这既有利于提高经济效益，不断增加社会财富，又有利于促进社会公平正义，充分发挥各方面的积极性。

第二，逐步提高城乡居民收入在国民收入分配中的比重，提高劳动报酬在初次分配中的比重。提高这“两个比重”，是对国民收入分配格局的重要调整。在我国国民收入分配中，政府和企业所占比重持续提高，而居民收入所占比重明显偏低，劳动报酬在初次分配中的比重偏低。这是多年来固定资产投资增长过快、投资率持续偏高，消费增长缓慢、消费率偏低的重要原因。提高这“两个比重”，有利于理顺国家、企业和个人三者的分配关系，有利于增加广大劳动者收入，维护劳动者权益，也有利于合理调整投资与消费关系，促进经济社会协调健康发展。

第三，加大个人收入分配调节力度，合理调整收入分配格局。

总的原则是，“提低、扩中、调高、打非”。“提低”，就是着力提高低收入者收入水平。要强化支农惠农政策，促进农民持续增收，建立企业职工工资正常增长和支付机制，逐步提高扶贫标准、最低工资标准和最低生活保障标准，使城乡居民特别是低收入者收入随着经济发展逐步较多地增加。“扩中”，就是努力扩大中等收入者比重。创造条件让更多群众拥有财产性收入，进入中等收入者行列。“调高”，就是切实对过高收入进行有效调节。要正确运用税收手段，使过高收入者的一部分收入通过税收等形式由国家集中用于再分配。“打非”，就是坚决取缔非法收入。要严格执法，对偷税漏税、侵吞公有财产、权钱交易等各种非法收入依法取缔和惩处。还要规范垄断行业的收入，引入竞争机制，消除垄断性利润；同时规范垄断性企业资本收益的收缴和使用办法，合理分配利润。

（二）社会保障体系：实现社会公平的抓手

社会保障体系是国家通过立法和国民收入再分配，对社会成员由于年老、疾病、伤残、失业、贫困、低收入等多种原因出现生存困难时提供基本生活需要的一系列政策制度。健全的社会保障体系是人民生活的安全网、收入分配的调节阀、经济运行的减震器和社会发展的稳定器。覆盖全社会的社会保障体系，再加上社会成员广泛参加的商业保险，将进一步促进社会公平正义、提升社会福利水平。

1. 健全社会保险制度

通过近年来的努力，我国社会保险制度取得了历史性成绩。社会保障覆盖面不断扩大，全国城镇参加基本养老保险、基本医疗保险和失业保险的人数大幅度增加，符合条件的城市困难居民已逐步纳入最低生活保障范围，基本做到应保尽保。城镇职工基本医疗保险制度改革取得重要进展、农村新型合作医疗制度开始实行。健全社会保险制度，为维护社会稳定、深化改革、调整结构和促进发展，提供了有力保障。

第一，完善基本养老保险制度。养老保险是整个社会保障体系中最基本的内容，要着重从以下两个方面完善基本养老保险制度：一是逐步做实个人账户。基本养老保险制度实行社会统筹和个人账户相结合，这是我国养老保险制度改革的一项创新。它的最大特点是建立了国家、用人单位和个人分担养老责任的机制，使社会互济与自我保障相结合，权利与义务相对应。二是逐步提高基本养老保险社会统筹层次。我国的基本养老保险制度是自下而上演变过来的，尽管近几年不断统一制度和政策，但由于统筹层次低，省与省之间甚至省内的政策不一致，费率不统一，待遇差别大，资金调度难，存在依赖中央的倾向。在完善基本养老保险制度的过程中，提高基本养老保险的社会统筹层次，实现基本养老保险省级统筹，并创造条件逐步过渡到全国统筹，不仅是十分必要的，也是发展方向。

延伸阅读

我国的养老保险以1951年2月政务院颁布的《中华人民共和国劳动保险条例》为起点，其发展可概括为四个阶段。

1951—1965年为养老保险制度的创建阶段。该阶段以政务院颁布的《中华人民共和国劳动保险条例》为标志，主要工作是着手建立全国统一的养老保险制度，并逐步趋向正规化和制度化。

1966—1976年是养老保险制度严重破坏阶段。社会保险基金统筹调剂制度停止，相关负担全部由各企业自理，社会保险变成了企业保险，正常的退休制度中断。

1977—1992年为养老保险制度恢复和调整阶段。在十年动乱结束后，我国采取渐进的方式对养老保险进行了调整，恢复了正常的退休制度，调整了养老待遇计算办法，部分地区实行了退休费统筹制度。

1993年到现在是养老保险制度实施创新改革阶段。本阶段主要是创建了适应中国国情、具有中国特色的社会统筹与个人账户相结合的养老保险模式，改变了计算养老金办法，建立了基本养老金增长机制和实施了基本养老金社会化发放，基本建成我国多层次养老保险体系。

第二，完善基本医疗保险制度。基本医疗保险是所有社会保险制度中覆盖范围最宽的一个保险制度，包括城镇所有从业人员，所有机关、事业单位、各种类型企业、社会团体和民办非企业单位的职工和退休人员。完善基本医疗保险制度，首先要做到合理确定个人负担医疗费用的比例，既不能过度增加个人看病的支付比例，防止参保职工因负担医疗费用过多而陷入贫困，又要防止“过度”保障，使企业和医疗保险基金不堪重负。其次要做好扩大覆盖面工作。对于困难企业的职工和退休人员的医疗保险问题，要给予高度重视，妥善解决其基本医疗保险费来源问题，帮助无单位的退休人员参加基本医疗保险。再次，完善基本医疗保险制度要同医疗卫生体制改革和药品生产流通体制改革同步推进。要抓住人民群众关注的“看病难”、“看病贵”等问题，扎扎实实地采取有效措施认真解决。此外，应在基本医疗保险基础上，通过政策优惠引导企业建立补充医疗保险，鼓励建立大额医疗救助制度。

第三，将个体、灵活就业人员、乡镇企业职工纳入基本养老保险的覆盖范围。随着中国的所有制结构和就业形式的重大变化，非公经济从业人员和灵活就业人员迅速增加，但是大量的城镇个体工商户、灵活就业人员和部分乡镇企业职工还没能纳入养老保险体系，这就使他们的社会保险权益受到影响。2005年12月，劳动和社会保障部作出决定，城镇个体工商户和灵活就业人员与企业职工一样都要参加基本养老保险，同时对他们的参保缴费政策以及待遇计发办法予以统一，使他们退休以后的基本养老保险权益得以落实。

第四，探索建立新型农村养老保险制度。2009 年起，根据党的十七大和十七届三中全会精神，我国开始推行新型农村社会养老保险。新型农村社会养老保险是以保障农村居民年老时的基本生活为目的，建立个人缴费、集体补助、政府补贴相结合的筹资模式，养老待遇由社会统筹与个人账户相结合，与家庭养老、土地保障、社会救助等其他社会保障政策措施相配套，由政府组织实施的一项社会养老保险制度，是国家社会保险体系的重要组成部分。它的基本原则是“保基本、广覆盖、有弹性、可持续”。一是从农村实际出发，低水平起步，筹资和待遇标准要与经济发展及各方面承受力相适应；二是个人、集体、政府合理分担责任，权利与义务相适应；三是政府引导和农民自愿相结合，引导农民普遍参保；四是先行试点，逐步推开。

延伸阅读

城乡二元经济结构

城乡二元经济结构，一般是指以社会化生产为主要特点的城市经济和以小农生产为主要特点的农村经济并存的经济结构。我国城乡二元经济结构主要表现为：城市经济以现代化的大工业生产为主，而农村经济以典型的小农经济为主；城市的道路、通信、卫生和教育等基础设施发达，而农村的基础设施落后；城市的人均消费水平远远高于农村；相对于城市，农村人口众多；等等。这种状态既是发展中国家的经济结构存在的突出矛盾，也是这些国家相对贫困和落后的重要原因。发展中国家的现代化进程，可以说在很大程度上是要实现城乡二元经济结构向现代经济结构的转换。

2. 加快社会救助体系建设

社会救助是社会保障体系的重要组成部分，与广大群众尤其是困难群众的切身利益密切相关。在构建和谐社会进程中，党和政府高度重视社会救助工作，颁布了《城市居民最低生活保障条例》和《城市生活无着的流浪乞讨人员救助管理办法》等法规，对生活困难群众进行社会救助。构建以最低生活保障为基础，以养老、医疗、教育、住房等专项救助为辅助，以其他救助、救济和社会帮扶为补充，逐步形成城乡一体化、组织网络化、管理社会化、保障法制化、与经济社会发展水平相适应的覆盖城乡的新型社会救助体系。

第一，进一步完善城镇最低生活保障制度。要根据经济社会发展水平制定并及时调整最低生活保障标准，把所有符合条件的困难群众全部纳入保障范围，做到应保尽保。在此基础上，突出重点，分类施保，对低保对象中的“三无”人员（即无生活来源、无劳动能力，以及无法定赡养、抚养、扶养义务人）和因大病、重残等丧失劳动能力的人员给予重点救助。与失业保险制度相衔接，对失业保险到期仍未实现再就业的符合低保条件的困难群众，也要按规定提供最低生活保障。要进一步规范最低生活保障申请、评议、审定和发放程序，接受群众和社会各方面的监督，做到公开、公平、公正。

第二，完善农村特困群众生活救助制度。坚持“政府救济、社会互助、子女赡养、稳定土地政策”的原则，进一步完善农村特困户及孤儿、孤老救助制度。对因病、因残丧失或缺乏劳动力，造成常年生活特别困难的家庭，要纳入农村特困户定期救助范围，确保他们的基本生活。各级政府要逐年加大特困救助资金投入，逐步扩大救助范围，提高救助标准。有条件的地方，要积极探索建立与当地经济发展水平相适应的农村最低生活保障制度。

第三，完善城市生活无着的流浪乞讨人员救助制度。按照《城市生活无着的流浪乞讨人员救助管理办法》，健全和完善相关配套政策，加快城市生活无着的流浪乞讨人员救助管理站基础设施建设步伐，建立方便、快捷、安全的社会救助管理工作体系，切实保障流浪乞讨人员的基本生活权益。帮助返乡的流浪乞讨人员解决生产和生活困难，妥善安置无家可归的未成年人、老年人、残疾人，有效预防和控制流浪乞讨现象。

第四，实施廉租住房制度，扩大住房救助范围。加快建立和完善多层次的住房供应和保障体系，对符合城镇居民最低生活保障标准且住房困难的家庭提供租金低廉的普通住房。抓紧开展城镇最低收入家庭住房困难情况的调查，全面掌握本地区廉租住房需求情况，并建立保障对象档案。要根据廉租住房需求，切实落实以财政预算安排为主、多渠道筹措廉租住房资金，着力扩大廉租住房制度覆盖面，加快解决最低收入家庭基本住房需要。城镇廉租住房制度建设情况要纳入省级人民政府对市（区）、县人民政府工作的目标责任制管理，省、自治区、直辖市相关部门要加强监督检查。对已租住公房的城镇困难家庭，在租金上予以优惠。

当公平正义问题成为社会诸多矛盾的交结点时，促进社会公平正义的重要性毋庸置疑。总的说来，加快发展步伐是维护和实现社会公平正义的基础，完善各项制度是维护和实现社会公平正义的保障，建立社会公平保障体系是维护和实现社会公平正义的有力抓手。实现公平正义是一条很长的路，但只要大家携手，持续努力，不断朝着更加公正和谐的方向迈进，必能胜利到达终点。

后　记

公正，是人类社会的基本价值追求。古今中外，关于公正的价值规范不胜枚举。但是，将其当作核心价值却是由社会主义制度所决定的。公平正义，是最核心的社会主义价值观，是中国特色社会主义最本质、最内在的价值追求，它体现了社会主义意识形态的精髓，是社会主义制度价值取向的根本体现。

本书通过对古今中外公正思想传统的追溯与梳理，从历史与现实的双重角度，具体阐述公正作为社会主义制度核心价值追求的丰富内涵。在此基础上，进一步阐明了在建设中国特色社会主义的特殊历史时期，切实维护和促进社会公正的重要性与迫切性。

戴维、陈默、布素蕾、王晶、张宏兴参与了本书的编写。戴维、布素蕾分别协助参与了全书的统稿、校核等工作。

王　葎

2014 年 8 月

图书在版编目（CIP）数据

社会主义核心价值观·关键词. 公正/韩震总主编；王律编著 .—北京：中国人民大学出版社，2015.4
ISBN 978-7-300-21042-1

Ⅰ.①社… Ⅱ.①韩…②王… Ⅲ.①社会主义建设-价值论-中国 Ⅳ.①D616

中国版本图书馆 CIP 数据核字（2015）第 067693 号

社会主义核心价值观·关键词
总主编　韩　震
公　正
王　律　编著
Gongzheng

出版发行	中国人民大学出版社		
社　　址	北京中关村大街 31 号	**邮政编码**	100080
电　　话	010－62511242（总编室）		010－62511770（质管部）
	010－82501766（邮购部）		010－62514148（门市部）
	010－62515195（发行公司）		010－62515275（盗版举报）
网　　址	http://www.crup.com.cn		
经　　销	新华书店		
印　　刷	天津中印联印务有限公司		
规　　格	160 mm×235 mm　16 开本	**版　　次**	2015 年 5 月第 1 版
印　　张	8.5 插页 1	**印　　次**	2021 年 11 月第 3 次印刷
字　　数	99 000	**定　　价**	28.00 元